世代の溝を埋め成功に導く

中国式コミュニケーションの処方箋

趙 啓正／呉 建民・著
村崎 直美・訳

日本僑報社

目次

はじめに

日々の生活を大切にする人たち、特に若い友人たちにこの本を捧げます。交流は人生に大きなメリットがあり、自分の交流意識を高めることは人生をさらに素晴らしくするという一種の啓発を、読者の皆さんに受け取っていただけたらと思っています。

デカルトは「我思う、ゆえに我あり」と言いました。頭を働かせ、常に考えを巡らせていれば、人生の存在感が増し、虚無感は取り除かれます。しかし、頭を働かせるだけで、たまにしか人と交流しなければ、孤立した状態に陥るでしょう。そんな状態で、「思う」をどうやって昇華させられるでしょうか。「ある」にいったい何の意味があるのでしょうか。ロビンソン・クルーソーは海中の孤島に取り残されますが、原住民の一人を助け、「フライデー」と名付け、生活を共にしました。こうした交流相手がいなければ、デフォーの『ロビンソン漂流記』は完成しなかったことでしょう。

交流に関する能力は、片言で話しはじめたころから両親に育まれ、幼稚園の話し方教育、小学校の国語、中学・高校の外国語会話などさまざまな方法によって、一言ずつ、一かたまりずつ、子供達の感覚が養われていきます。成長環境や、教育レベル、生活中の実践に違いがあるため、交流に関する能力には程度の差があり、その隔たりが非常に大きいこともあります。

交流することが上手な人は、生活や仕事がしやすい環境を手に入れやすく、仕事上でも成功をおさめやすいものです。一般に、十分な交流と、時機にかなったコミュニケーションは、成功者に不可欠な基本的資質といえるでしょう。

交流に関する意識と能力にすぐれた人は、交流を一種の技術とみなし、自分にいくらかの水準を設定します。多くの場面で、意識的に発言し、質問や回答をすることで、おのずから得るものがあり、やがてそれが習慣になることで、自然に実行できるようになります。どんな職業に従事し、人生のどんな段階にいたとしても、意識的に、また適度に交流の対象と範囲を広げることで、さらに大きな成功と、さらに多くの精神的な喜びを得られるということを、読者の皆さんと共に探索したいと思っています。

二〇〇九年十月、私と呉建民氏は、「交流は人生をさらに素晴らしくする」をテーマに、たいへん奥深い対話を行いました。その成果は、『交流使人生更美好』（交流は人生をさらに素晴らしくする）というタイトルで世界知識出版社から出版され、中国中央電視台の番組でも紹介されました。

二〇一二年十一月、私たちは上海戯劇学院を訪問し、大学生のコミュニケーション能力育成の必要性について話し合いました。同校の教育課程、特に「対話」を重んじる育成法について理解を深め、学校幹部と相談し、上海戯劇学院をはじめ、上海市内の複数の大学から約百名の学生を集めて、四部構成の対話を行うことを決めました。テーマは同じく「交流は人生をさらに素晴らしくする」です。半世紀もの年齢差がある若い学生たちとの対話でしたが、ジェネレーションギャップを乗り越えることができ、たいへん喜ばしく思いました。そして、学生たちが大きな関心を寄せる話題に、私は深く考えさせられました。彼らの熱意に影響され、私たちも真摯に対応しました。新しい世代が古い世代に取って代わる、この流れは阻むことができないと確信しています。

私たち二人は、人生のほぼ大半の段階を経験してきたので、対話の中でさまざまな角度から問題を提示し、さまざまな角度から学生たちが注目する話題について答えました。しかし、私たちの回答が唯一のものではありません。読者の皆さんが、さらに良い回答をしてくださるのではないかと思っています。

本書は二日間にわたる対話の内容をまとめた、交流に関する一般向けの読み物です。本文は対話の進行順ではなく、テーマ別に再構成しました。各章にそれぞれテーマがあり、また関連性があります。

本書が若者たちや皆さんの思考を何かしら啓発し、潜在的なコミュニケーション能力を解放させ、さらに質の高い生活を作り出すことに役立てば、たいへん光栄に思います。

世界知識出版社の高樹茂大使と瀋国放大使（両名とも元駐外大使）はこの対話の最初の提案者であり、瀋大使はさらに一回目の対話を視察し、適切な意見を述べてくれました。二日間にわたる二回目の対話では、上海戯劇学院党委員会書記の楼巍教授が全日程の進行役を務め、深く関与し、同校の指導者や先生方も多大な協力をしてくれました。同学院図書館の王伯男館長は、今回の対話の成功に心血を注ぎ、大勢の学生たちと共に綿密な準備と心配りをしてくれました。関係各位や学生の皆さんの貢献がなければ、本書がこのように順調に誕生することはなかったでしょう。対話をまとめて本にする場合は、机で原稿を書き上げるのと違い、内容を整理し、要点を抽出することが肝要です。世界知識出版社のベテラン編集者である袁路明女史、北京朗朗書房の出版顧問である呼延華総経理と編集者の何璐韡さんがたいへん力を尽くしてくれました。謹んで感謝の意を表します。

趙　啓正、呉　建民

二〇一三年八月一日

※『交流使人生更美好』（交流は人生をさらに素晴らしくする）の序文より一部引用

第一章

交流、それは人生をさらに素晴らしくする

老子はかつて、「鶏や犬の鳴き声が聞こえるほど近くであっても、住民は老いて死ぬまで、お互いに行き来することがない」と言ったことがある。その時代であれば、交流について学ぶ必要はなかったかもしれない。しかし現在、私たちの交際範囲は拡大し、同胞だけでなく、外国人とも、あるいはさまざまな職業の人とも付き合うようになった。人との付き合いでは、必ず何らかの結果を求めたくなるものだ。そこで交流の技術が必要になる。それを身につければ、人間関係の向上に大いに役立つことだろう。

一　交流は一種の技術である

二〇一二年十二月二十日および二十一日、上海戯劇学院（注1）の実験新空間劇場では、窓の外に降り続く小雨が見え、室内は柔らかな灯りが広がっていた。趙啓正氏と呉建民氏という、外交と広報分野に多大な功績を残した二人が、複数の大学から集まった百名余りの学生と共に、交流をテーマとした四部構成の対話を行った。

楼巍（以下、楼）（注2）　会場へお集まりの皆さん、趙啓正氏と呉建民氏は我が国の対外交流事業に卓越した貢献を行い、民衆から厚い信望を集めている専門家型の指導者です。お二人はこの国の未来に対する責任と使命を胸に抱き、講師という立場で、「交流」という輝かしい思想と素晴らしい実践を分かち合うために、この場へ来てくださいました。皆さん、どうぞ拍手でお迎えください！　（場内拍手）

本日は、上海市内の各大学からさまざまな専攻分野の学生が集まり、この「世代を越えた対話」に参加します。年齢で言うと、お二人は新中国成立初期の大学生、会場の学生たちは改革開放後三十年間の急速な経済成長のもとで育った新時代の大学生、そして私は改革開放初期の大学生。ですから、これは世代を越えた交流と対話ということになります。

それでは、我々は互いに交流しながら、「交流」について語り合っていきましょう！

趙啓正（以下、趙）　上海戯劇学院でこのような対話の場が設けられたことを、大変嬉しく思っています。私と呉建民大使は年齢的に皆さんより一世代、いや二世代上になりますが、意思の疎通は可能だと信じています。気持ちが通じ合えば、共に学び、共に気づくことができます。皆さんが日々の学習や生活の中で、仲間や先生方と過ごす中で得たもの、悩み、あるいは課題などを話してもらえればと思っています。また、どんな夢を持っているのか、卒業後はどんな人になりたいのか、どんな道を歩みたいか、我々に教えてください。堅苦しい雰囲気ではなく、お互いに質問を投げかけ、お互いに刺激し合いましょう。

あなた方とは育った年代も違い、成長過程も違い、家庭背景も違い、専門分野も大きく異なります。ですから、この話し合いはきっと有意義なものになります。また、これは上海戯劇学院の皆さんに言いたいのですが、演劇分野で、中国にはトップクラスの大学が二つあります。一つは北京にある中央戯劇学院、もう一つがこの上海戯劇学院です。この大学に合格したということは、あなた方が大変優秀で、特別な存在であるということです。私たち二人は劇を観る側の人間で、自分で演じたことなど――ああ、そう言えば、私は大学生のときに時事劇（注3）に出たことがあります。当時はキューバ危機が起こり、みんなでアメリカ大使館へデモ行進し、私はアメリカ人の扮装をしました。キューバ大使館の前を通っ

1　上海戯劇学院は一九四五年十二月一日に創立され、中国演劇界のための人材育成を目的とした高等芸術学校。北京の中央戯劇学院と並び、中国演劇の最高学府と呼ばれている。

2　司会進行役の楼巍氏は上海戯劇学院党委員会書記を務める。一九六三年七月生まれ、浙江省寧波市出身。一九八五年七月に上海工業大学自動化学部を卒業し、上海大学副秘書長、上海対外貿易学院党委員会副書記、副院長、上海市高校工作研究会理事を歴任した。

3　時事劇とはニュース劇のことで、時事を反映した演劇のスタイルを指す。街角あるいは劇場で演じられ、大衆への宣伝目的があり、当時は「動く新聞」のようだと言われた。

たら、キューバ人が追いかけてきたのですが、私は逃げ足が速かった！（爆笑）
あのころは若くて、国際政治についてもよく分かってはいませんでした。

呉建民（以下、呉）　皆さんと交流できることを大変嬉しく思います。まず、どうして私が「交流」について取り上げようと思ったのかを話しましょう。私は外交関係の仕事をする中で、外国人と中国人を見比べて、中国人は対外コミュニケーション能力に欠けることに気がつきました。そして、どうやってこの問題を解決すればよいか考えました。コミュニケーション能力に欠けるのは、結局のところ教育の問題で、学校から手をつけることが妥当なように思いました。そこで二〇〇三年に、外交学院［呉建民氏は中国駐仏大使退任後、二〇〇三年七月～二〇〇八年四月に外交学院院長を務めた］に着任後、私は「交流学」という講座を開講しました。教室で学生の質問に答え、彼らと交流し、試験には私も関わりました。最後に彼らと懇談したとき、ある学生がこんな風に言いました。「交流が一つの学問とは思いもしませんでした。誰かと口げんかをしても、絶対に相手が悪いと思い込み、交流面で自分に欠陥や問題があるとは気づきません。家庭内で、父と子が気まずくなっても、父親は息子が言うことを聞かないからと責め立て、交流面で自分に何か足りないところがあると思うはずもありません」。この学生の発言は、交流を意識したからこそ出たものです。

こうした交流意識を持つかどうかの違いは大きく、交流という学問は人生にとって大変重要なものです。私たち二人はどうして若い人たちに交流学を強く勧めるのでしょうか。それは、交流が人生に多大な影響を与えるからです。一生のうちにさまざまなチャンスが訪れますが、それをつかむ人もいれば、うまくつかめない人もいる。その原因は何でしょうか。多くの場合、交流が重要な要素になっているのです。

趙　あなたの著書『交流学講章』（交流学解説、二〇一〇年、中国人民大学出版社）の話から始めましょうか。これは大学生の副読本にふさわしい本ですが、確か交流学の範疇を、さらに明確に定義していましたよね。

呉　『交流学講章』の冒頭で、「交流学は人と人の間で行われる接触と意思疎通に関する学問である」と定義しています。

趙　しかし、私はそれを「学」という言葉でまとめてしまえるものだろうかと思っています。なぜなら、自然科学は自然界を研究対象とし、基本原理と法則に基づいて演繹し、人文社会科学は人類の思想や行動、社会現象、および発展の法則を研究し明らかにします。交流は人間の基本的活動であり、日常生活で経験する交流もあれば、学問の知識としての交流学も含み、後者は前者を抽出し、概括したものです。あるいは「交流技術」と表現すれば、さらに明確になるかもしれません。技術は学問とくらべ、より柔軟で、人によって微妙に異なるもので、人文的な色合いがあります。呉大使、あなたは大学の講座としては、「学」を用いた方が都合がいいと思ったのではないですか。

呉　確かにそうです。大学の講座としては、「学」を用いた方が便利ですからね。今後、もし『交流学講章』の英語版を出版することがあれば、Art of Communication と訳す必要がありますね。

趙　ああ、二人の意見が一致しました。交流という言葉の持つ意味はとても多彩です。口頭での対話を指すこともあれば、手紙や電子メール、携帯のショートメールなどの通信手段を指すこともあります。ボディランゲージや顔に出る表情なども、交流の範疇に入るでしょう。現在は、技術的発展によって、個人メディアやニューメディアが次々と登場し、ブログ、微博（ウェイボー）、微信（WeChat）、フォーラムなどが、いずれも交流の範囲と程度に大きな変化をもたらしました。しかし、私たちが今回の対話で取り上げる交流は、やはり人と人とが面と向かって、リアルタイムに行う交流を主体とします。

呉　確かにそのように幅広い内容が含まれますね。この講座は外交学院で開設したため、『交流学講章』も、政府のスポークスマンか外交官になりたい人向けに書かれた本だと思われがちです。しかし実際には、さらに成長したい人や、時代の潮流に乗りたい人、功績を挙げたいと思う若い人たちが、意識的にコミュニケーション能力を高めていくべきだと私は思っています。また中高年の人たちも、意識的に交流範囲を拡大することで、生活レベルを向上できると考えています。

交流は生まれながらに必要なもの

陳佳奇（本文中に登場する学生はすべて仮名）　私は上海戯劇学院映像専攻の修士課程です。まず自分の体験談について話し、そのあと質問をさせてください。

昨年、私は指導教官とアモイで行われた表彰式に出席しました。到着後にレポートの提出が必要なことを知りましたが、コンピューターを持参していなかったため、宿泊先のホテルでレポートをまとめることにしました。ホテルのコンピュータールームは有料です。作業中、ルームサービスを運んでくれた従業員の発音を聞いて、彼が山東省の出身と気づき、私は自分から話しかけました。別れ際に、彼は名刺を一枚くれて、今後はこれを出せば使用料を払わなくていい、と言ってくれました。教官は私の肩をたたき、「君のコミュニケーション能力はたいしたものだ」と言いました。翌日、再び原稿を作る必要があり、その従業員が当番だろうと思い込んで名刺を持たずに行ったら、その日は違う人が担当でした。その担当者は一言も会話をしてくれませんでした。部屋を出るとき、教官に、「君のコミュニケーション能力には波があるようだ。通用するときと、しないときがあるね」と言われました。（笑い）

お二人に質問ですが、先生方のコミュニケーション能力は、成長の過程で自ら見つけ出し、自ら育んだものでしょうか。それとも日々の生活や仕事の実践を通して引き出されたものなのでしょうか。

呉　先ほどの体験談に関して言えば、「君のコミュニケーション能力に波がある」という先生の発言は正しくありません。相手が違えば、コミュニケーションの効果も同じとは限らず、二人の担当者の反応が違うのは当然のことです。二日目の担当者は当然使用料を受け取るべきで、何も間違ってはいません。それがホテルの規約だからです。

では、交流が自発的なものか、それとも受動的なものかという質問について、私の経歴からお答えしましょう。

私はニューヨークの国連本部で十年、ジュネーブの国連欧州本部で三年働き、たくさんのスピーチを耳にしました。安全保障理事会で最も有意義なのは答弁を聞くこと、つまり、ある大使の発言が終わり、他の大使からの質問を受ける段階です。このように外交官ばかりが集まる場所で、世界一流の外交官がスピーチをする、そのスピーチが素晴らしく、相手を黙らせるほどだったときは、心から敬服したものです。こうした能力を持つ外交官がいれば、その国にとってプラスになります。ですから、このような公の場で発言する能力は大変重要であると思い至りました。国連の会議では、大勢が集まる場所で素晴らしいスピーチをし、周囲の尊敬を集める外交官がたくさんいます。必ずしも大国出身とは限りませんが、誰もが感心し、その知恵に敬服します。知恵のある人はたくさんいますが、その中で、どうして彼らが注目されるのでしょうか。それは公の場での表現力に優れているからです。一方、我々中国人に目を移すと、表現力に優れる人はそれほど多くありません。そのような理由から、私たちは、コミュニケーション能力の養成を子どものころから始めなければいけないと思うようになったのです。

趙　私が思うに、交流は一種の願望であり、必要性のあるものです。誰かと交流するのは、私に言わせれば、まず楽しいものです。私はエレベーターで出会う配達人に対しても、「今日の荷物はたくさんありますか」「大変ですね」と話しかけます。一日で百個以上の荷物を届けることもあると聞いて、感心しました。それでも疲れてないと言うので、大変立派だと思いました。もし周囲の人が誰も話しかけてくれなかったら、あなたは孤独を感じるでしょう。孤独は時には必要で、時にはまたとない体験にもなりますが、多くの場合、多くの人にとって、孤独は喜ばしいことではありません。交流することで孤独を紛らわせるのは、人類が持つ自然な願望というものです。次に、交流には必要性があります。多くの場合、交流しなければ物事は解決しません。例えば見知らぬ街で道に迷ったら、誰かに聞かなければ、無事にホテルまでたどり着けないでしょう。第三に、交流は一種の習慣だと思います。仮にあなたがリーダーで、部下と交流をしなかったら、部下はどうやってあなたの考えを知るのでしょうか。どうやってあなたが意図するように動くことができるのでしょうか。また、もしあなたが部下の立場だとして、交流をしなければ、リーダーや周囲の人はどうやってあなたの意図を知ることができるのでしょうか。彼らはどうやってあなたの能力を知るのでしょうか。またどうやって、あなたをふさわしいポジションにつけることができるのでしょうか。夫婦間の交流がなければ溝ができ、親子の交流がなければ絆は生まれません。ですから、交流は生まれながらに必要なものであると同時に、社会活動に携わるのに欠かせないものなのです。

十分に交流ができる人は、その才能を伸ばすことができます。一方で、十分に交流ができない人は、群衆や社会の中での存在感に欠けてしまうでしょう。かつての同級生のことを考えるとき、どうしても思い出せない人というのは、決まって交流が上手でない人たちです。もちろん、交流は自然に行われるもので、多くの場合、わざとらしくなったり、かしこまったりする必要はありません。交流にも一定のレベルが求められることがありますが、あなたの発言が明確で、筋が通っていれば、周囲から感心されるはずです。あなたの発言が要領を得ず、幼稚で、間違いが多ければ、あなたの存在感に影響します。交流のレベルや程度、範囲、またそれが自然なものかどうかというのは、交流の対象によって異なります。例えば相手が両親なのか、先生なのかによって、話題や方法は当然異なるはずです。

交流の過程において、誠実で、簡潔で、ユーモアがあるということは、大変効果的に働くものです。誠実は強みであり、簡潔は能力であり、ユーモアは知恵の体現です。誠実と簡潔については、全世界でほぼ共通の認識と理解がありますが、ユーモアについては違いが大きいものです。ユーモアは民族によって異なる特性があり、民族が違えば感じ方も違い、イギリス人、アメリカ人、ドイツ人、中国人のユーモアは、それぞれ大きな差異があります。時には翻訳が不可能で、翻訳すると面白みがなくなってしまうこともあります。

呉　私は最近、交流は確かに人生に必須のものだと、強く思うようになってきました。人間が最も恐れることは何でしょう。それは孤独です。どうして孤独を恐れるのでしょうか。交流する相手がいなければ、徐々に頭の働きが悪くなり、徐々に年老いてしまいます。人は社会的な生き物で、誰かと交流する必要があるのです。交流の過程で大脳が刺激され、感情が高ぶり、若い人と同じように考えをまとめられるようになります。年齢が高い人ほど交流が必要です。ですから、できるだけ両親や、祖父母のもとへ帰り、彼らと話をしてください。あなた方もたくさんの気づきを得ることができるでしょう。私の家は大家族で、兄弟姉妹合わせて八人いますが、両親と話す時間は多くありませんでした。一九五〇年に兄が軍隊に入ってから、二〇〇六年に母がこの世を去るまで、子どもたち八人が顔を揃える機会もなかったのです。どんな事情があったのか、どうしてこのような事になったのかはよく分かりませんが、両親の胸の内を知りたいと思っても、二人ともすでに亡くなり、聞くことができないと、今は大変後悔しています。ですから、私が言いたいのは、両親や祖父母とできるだけ多くの時間を過ごし、積極的に質問をしてあげれば、彼らはきっと嬉しいだろうということです。あなた方も両親や祖父母から学ぶことができ、彼らもあなた方から質問されて心が晴れやかになります。家庭の幸福というのは、こうした交流の中に存在するものなのです。

二　交流が上手くできなければ、知識も無駄になる

趙　上海市でかつて行われた調査によると、外資系企業は新卒で応募してきた学生に対し、「知識レベルはたいしたものだが、表現力に欠ける」という感想を持つということです。

呉　そうした例はよくあります。面接試験を通らなければ、時間の浪費というだけでなく、物事を台無

しにしてしまいます。交流が上手くできないために、自分の知識を無駄にしたことになります。

趙　ですから、交流は現代人の基本スキルであるべきなのです。私は昔、清華大学で、『文化を超えた交流――現代人の基本スキル』と題した講演をしました。教室内に空席は一つもなく、たくさんの学生がひんやりとした花崗岩の床に直接座り、私を感動させました。現代人が身につけるべき基本事項として、英語、コンピューター、自動車の運転がよく挙げられます。このうち二つは技術的なものです。ただし、中国語ができ、英語も上手に話せる中国人が、必ずしも他人と十分に交流できるとは限りません。言語というのは思想の媒体であり、思想の交流が不足すれば、単に口先だけの人になってしまいます。

呉　交流は潜在能力を解放させます。能力がある人でも、それを周囲に分からせなければ、誰からも必要とされないでしょう。しかし、交流を通じて潜在能力を解放すれば、誰もがその能力を知るところとなり、チャンスが増え、活躍の舞台も大きくなります。世界との協力が進む中、中国を代表して国際舞台で発言する能力を持つ人は、同じ分野の人と交流できるかどうかで、大きな違いが出てきます。交流ができ、それに長けていれば、中国のイメージアップができ、称賛され、中国の平和に良好な外部環境を作り出すことができます。交流ができず、それを上手に行えなければ、誤解や偏見を招きやすく、少なからず反感を持たれることもあります。ひいては中国に対する見方や行動に悪影響を及ぼしかねません。

趙　三十数年前、数学者の陳景潤氏のエピソードが新聞に掲載されました。彼は研究に没頭し、道を歩くときも思考を止めず、電柱にぶつかることもあったそうです。彼の努力と才能は誰もが認めるものですが、その方法は、メディアの報道にいささか片寄りがあるかもしれませんが、完璧とは言えません。

陳氏がもし、同じ数学者の華羅庚氏のように多くの科学者と交流していたら、さらに大きな功績を残したでしょう。また幸いなことに、彼の専門は数論なので、単に自分の頭を働かせば良かったのですが、仮に物理学、例えば実験物理学を専門としていたら、一人で研究することは難しく、たいした成果は挙げられなかったでしょう。ですから、若い人たちが彼のエピソードを聞いて、優秀な科学者の気質は普通と少し違うものだなどと、誤解しないでいただきたいと思います。

呉　従来の陳景潤氏に関する報道は、研究に没頭する一面を強調したものが多かったようです。しかし、私たちが今日強調するのは、まさに長年軽視されてきた、けれども人生にとって極めて重要な側面、すなわちコミュニケーション能力の育成についてです。

陸悠　皆さん、こんにちは。私は上海戯劇学院の油絵専攻の大学院生で、修士課程の二年目です。お二人に質問させてください。お二人は先ほど、現代の科学者や学者には、外界や生活に対応できるコミュニケーション能力が必要とおっしゃいました。でも、私たち芸術に関わる者は、日ごろ創作活動に没頭し、外界と交流する機会があまりありません。どのようにして専門の傍ら、コミュニケーション能力を磨いていけばいいのでしょうか。よろしくお願いします。

趙　私の実感として、交流はピアノを学ぶときのように余暇を利用して練習するものではなく、どのような分野の人にも交流の習慣というものはあるはずです。一つには、交流はなくてはならないもので、人の心を温かくし、良い家庭、良い労働環境、良い友人の輪を築き、互いを理解し、互いに助け合うことを可能にします。仕事においては、同業者との交流や、また近い分野の人と交流することもできます。

こんな話があります。フランスの景勝地で、数人のフランス人画家が写生をしていました。そこへドイツ人の画家も数人やってきました。フランス人は彼らがどんな風に描くのか気になり、見てみると、同じ風景なのにまったく違うスタイルの絵になっていました。お互いに相手の絵を理解することができず、そこで積極的に交流するようになったということです。同じ風景でも、互いに見るところが異なり、描くものが異なります。こうした交流はお互いに補い合うものです。フランス人はフランス人、ドイツ人はドイツ人の画家としか交流しなければ、得られるものは少ないでしょう。物の見方が違う人と交流する方が、大きな収穫を得ることができます。

呉　今の話から、交流ができればさらに大きな影響力を発揮できることが分かります。先ほどの陳景潤氏の場合は特殊な事情があり、当時は文化大革命の時期で、「抓革命、促生産（革命に力を入れ、生産を促す）」というスローガンに象徴されるように、研究成果を挙げ、それによって「抓革命、促生産」の成果とする必要がありました。陳景潤氏はこのような特殊な条件のもとで頭角をあらわしたのです。コミュニケーション能力に欠ける人は、埋没する可能性があります。中国のような大国では、多くの優秀な人や真実の出来事が埋没しているかもしれません。私たちがこのような例を挙げたのは、交流に対する意識を皆さんに呼びかけるためです。多くの場合、誰かと上手に交流できれば、皆さんの影響力や能力、才能を認めてもらうことができます。誰かに理解してもらう術がなければ、どんなに優れた能力があっても、関心を持ってもらえないでしょう。ここにいる皆さんは若く、輝かしい未来に希望を抱いています。どうやって輝かしい未来をつかむのか。それには当然、多くの条件がありますが、そのうちの一つが交流を学び、交流に関する自身の能力を高めることです。周囲の人と上手に交流すれば、温かな雰囲気が生まれ、気持ちよく日々を過ごすことができ、人生がより有意義なものになるでしょう。

範琳 先生方、こんにちは。私は華東師範大学歴史学部で、二〇一〇年入学の学部生です。お二人に他人との付き合い方についてお尋ねします。見知らぬ人との共通の話題を素早く見つけ、お互いの理解を深めるには、どのようにしたらいいのでしょうか。

趙 見知らぬ相手とあえて懇親を深める必要はありません。相手がどんな人物なのか、よく分からないからです。列車や飛行機の中で隣り合わせになるなど、見知らぬ人と束の間の交流を行うこともありますが、すぐに意気投合するのは危険を伴うこともあります。

時には「一瞬の交流」というのも面白いものです。あるとき、私は自転車に乗っていて、後ろから別の自転車がやってきました。わりと年配の人でしたが、追い越すときに私にぶつかり、ただ私も転倒したわけではないので、特に文句は言いませんでした。ところが彼は急にスピードを落とし、私が追いつくまで待つと、振り向いて、「その自転車は小さすぎる。乗り心地が悪いだろう。サドルを少し上げたほうがいい」と言いました。それはぶつかったことに対する彼なりの誠意なのだろうと思い、私も「ありがとう」とだけ返しました。このような束の間の交流は気持ちがいいものです。まったく見知らぬ者同士ですが、私たちの間に敵対意識はありませんでした。現在では、自転車や車で出かけるとき、あるいは公共の交通手段で移動するときにトラブルが起こりやすく、罵詈雑言が飛び交ったり、暴力沙汰になったりすることさえあります。その原因は、ちょっとぶつかった瞬間に、束の間の交流を行なえないことにあるのです。束の間の交流と、長期にわたる付き合いとは違いがあります。見知らぬ人との短時間の交流は、礼を失せず、交流の程合いに注意し、瞬間の判断力を発揮します。価値ある情報をつかむことで、あるいは良き友と出会えるかもしれません。一方、長期にわたる付き合いの場合は、双方の性格、気質、ひいては考え方が同じかどうかなどの要素が影響してきます。

三「コミュニケーション障害」を克服する

交流では、物事をはっきり言わなければならない

杜蕭　皆さん、こんにちは。私は上海戯劇学院司会専攻の大学院生で、八〇年代後半生まれ、魚座で、感受性が強く、どちらかというと敏感です。私は自分のことを間欠性のコミュニケーション障害ではないかと思っています。両親とのコミュニケーションはまったく問題なく、気の利いた言葉を、滔々と話し続け、両親に口を開く隙を与えないほどです。しかし、テレビ局での実習では、上司や先生、あるいは同僚と、どのように交流したらいいのか分かりません。質問を投げかけても、忙しくて相手にされないように思ってしまうのです。私が面白いと思う番組と、他の人が笑うポイントは違っているのではないかと思うときもあります。だんだんと、どのように交流すればいいのか分からなくなりました。そうしているうちに、私は交流をしなくなったのです。

私が思うに、私たちの世代は家の中で「小皇帝」と呼ばれ、少なくとも両親とは対等の立場にあり、交流するときも決して弱い立場ではありませんが、他の目上の人や上司、先生と交流するときは、それに比べて弱い立場に置かれます。交流の場では、立場が強い人間が主導権を握るものなのでしょうか。

私はこうした交流関係に、どのように対処していけばよいのでしょうか。

趙　私たちは誰もが青年時代を経験します。私は大学の核物理専攻を卒業し、北京にある核工業部の研究設計院に配属されました。しかし、私の希望はもっとアカデミックな研究所で、さらに立派な研究をすることだったので、人事部の部長と話をしてみることにしました。人事部の入口まで来たとき、上級管理職である部長に、どのように切り出したものかと考え、しばらく躊躇してから中に入りました。私が自分の要望を伝えると、部長は穏やかに、「ここだって悪くない、同じように国に貢献できるよ」と答えました。いくらも立たずに私は両手をあげて降参し、すごすごと戻ることになりました。（笑い）

あなたが職員と話すときに緊張するわけは、一つは彼らと接したことがないために、自分とは違う種類の人間だと思い、彼らの様子がとても堅苦しく見え、それが心理的な壁になっているからです。二つ目に、一部の職員は確かに忙しく、辛抱強くないかもしれません。でも、必ずしもあなたを軽視しているわけではないので、相手が親切でないと落ち込む必要はないのです。共通の話題を見つけて話しかけるのもいいでしょう。例えば、「その本を読んだことがあります」とか、「あなたの講演を聞いたことがあります」といった感じです。例えば呉大使を取材するなら、「あなたが先日の国際フォーラムで掲げた国際関係の論点は、とても興味深かったのですが、ここでもう一度質問してもよろしいでしょうか」と始めることができます。これが話のきっかけというもので、もし何の前置きもなく、すぐに本題に入ると、唐突と思われるかもしれません。年齢を重ねるにつれて、こうした障害は克服が可能です。

呉　あなたは先ほど、「コミュニケーション障害」という概念を口にしましたが、一つ例を挙げて、どんなときに難しさを感じるのか、上手くいかないと思ってしまうのか話してもらえませんか。その原因と結果について、私たちに詳しく聞かせてください。

杜蕭 以前、アフレコの時に原稿の流れが悪く、すらすらと読めないので、自分で手直ししたことがありました。当日のニュースが放送された後、原稿が変更されたことについて、上司から批判を受けました。私が悪いわけではなく、記者の書き方が悪かったのにと不満に思い、原稿を持って上司のところへ行き、話し合おうとしました。しかし上司は、それは自分の管轄ではなく、記者と直接やりとりしてほしいと言いました。おそらく、そんな些細なことに関わる暇はない、ということでしょう。そこで、私はこのコミュニケーションには問題があり、これを自分では克服できないと思ったのです。

呉 交流はお互いをよく知らなければ始まりません。上司とやりとりするときに、漠然とした概念を話す必要はないのです。「流れが悪く、すらすらと読めなかった」、これはただの概念で、具体的ではありません。一番おかしいと思う文を例に出して、読んでみたら意味が通らなかった、それで変更したのだと言う必要があります。そう話せば、上司も比較的受け入れやすかったのではないでしょうか。問題があると言うだけで、すべてを分かってもらおうとするのは、少々難しいのではないかと思います。

私が思うに、交流する際は相手を研究することが大切です。先ほどあなたは、弱者である側は立場が弱く、不利な境遇に置かれると言いましたが、それは問題の一面でしかありません。交流相手が誰であっても、相手を研究し、一度で足りなければ、もう一度研究しなおすのです。誰かを説得するには、それにふさわしいアングルがあります。適切なアングルを見つけ出せれば、必ず相手を説得できることでしょう。それが適切でなければ、相手を説得するのは簡単ではありません。もちろんすべての人を説得できるわけではないので、あなたはまず、この現実を受け入れる必要があります。私が言いたいのは、交流において相応の努力をすれば、さらに良い効果が望めるということです。

趙　実際のところ、あなたのやりとりは失敗とも言えません。原稿と録音が異なる理由を説明し、上司に伝えたことで、上司もあなたが注意深く原稿を読んでいることが分かったはずで、その上で記者とコミュニケーションをはかるように勧めたのでしょう。あなたは意思の疎通という目的を果たしたのですから、それを喜ぶべきなのです。失敗だと感じたのは、上司がゆっくり座って話を聞いてくれなかったからにすぎず、おそらくあなたは少しプライドが高いのではないかと思います。人の感情は時に繊細で、時に大まかでなくてはいけません。いつも繊細でいたら疲れます。いつも大まかだったら、感性が失われてしまいます。男子学生としては、あなたは繊細すぎる気がします。

杜蕭　おそらく私が魚座だからです。

趙　私は星座が性格や運命と関係があるという説をあまり信じません。そのように「魚座だから」と言ってしまったら、自分の欠点を改めることはできないでしょう。そうした考え方はやめてください。星座に科学的根拠はなく、面白がって話題にするのはともかく、本気にしてはいけません。そのような決めつけはやめるべきです。決めつけてしまえば、あなたはその通りに自分を当てはめ、自分のイメージを作り上げてしまうでしょう。「私は敏感なので」と言ってしまったら、永遠に自分の欠点を克服することはできません。（拍手）

鍛錬によって表現力を高める

呂思　皆さん、こんにちは。私は北京大学国際政治関係専攻の卒業生です。在学中、お二人の名前はたびたび授業に出てきましたので、今日直接お目にかかることができて、とても嬉しく思っています。先ほどの学生の問題に少し付け加えさせてください。

私は在学中、とても興味深い現象に気がつきました。先生方の中には話が上手で、よどみなく話し、たいへんな影響力を持つ人がいますが、学術著書はそれほど多いわけではありません。反対に、文章力に優れ、学術思想が豊かな先生は、どちらかというと口頭での表現力に乏しく、ボキャブラリーも豊かではありません。どうしてこのような状況が生まれるのでしょうか。その原因はおそらく、著作は自分との対話であり、文字言語は音声言語と違って、一字一句推敲を重ね、何度も思考を巡らすことができます。一方で、口に出すのは一種のプロセスであり、その場限りのもので、その中で自分の意図をいかに正確に届けるか、さらに自分の気持ちを相手に伝えられるかどうかが問われることにあるのではないでしょうか。

ですから、先ほどの学生に聞きたいのですが、あなたは一連のやりとりの中で、最初に話したい目的を示したのでしょうか。自分の気持ちを相手に伝えたのでしょうか。人と人が交流するときは、一方が話し、もう一方が聞く状態になりますが、両者が歩調を合わせなければ、相互作用は働きません。立場が強い人間と弱い人間のどちらも、対話では互いを思う気持ちが必要になります。結局のところ、あなたは自分の思想と感情を伝えるために話をしたかっただけで、相手があなたの思想を受け入れ、理解し、感情を共有してくれることを期待したのではないでしょうか。

趙　これはいいコメントをもらいましたね。

呉　今の事例に関して、いくつか述べさせてください。文章を書くのが上手なのに、話す方の評判が良くない先生には、改善の余地があります。これは中国人のコミュニケーション能力が比較的弱いことの表れだと思います。文章を書くのが上手なのに、どうして上手に話せないのでしょうか。それはそうした訓練を受けていないからです。

ニクソン元大統領も、最初から演説が得意だったわけではなく、何度も練習し、徐々に能力を高めていきました。先生の話が学生に響かなければ、いくら文章を書くのが上手だとしても、授業の時に話を聞いてもらえず、教師として成功とは言えないでしょう。この方面に問題があるのならば、教えることを職業としている以上、どうにか改善しなければなりません。もし私が教える立場で、学生に話を聞いてもらえなかったら、どこを改めればいいかをすぐに考え、改善効果があったかどうかも確認することでしょう。授業のときに学生が上の空だと気づけば、きっと話し方に問題があり、興味をひかないのだろうと思って、急いでテーマを変えなければなりません。楼書記は、会議に出席したとき、他の人が原稿をそのまま読む中、自分は即興で話をしたところ、一番強い印象を残すことができたと話していました。これは彼の交流が成功したことを意味しています。この話には学ぶところが大きいと思います。

呂思　はい、私もそう思います。私自身、話すことは一種の技術であると常々感じています。楼書記のお話についてですが、多くの先生方が楼書記の話は精彩があり、内容が行き届いていて、思想があり、深みがあり、勢いがあると評しています。それは楼書記がその場で話を組み立てたからで、話す過程で常に聴衆との相互作用や交流を求めたからこそ、彼の思想が聴衆に受け入れられ、共感を呼んだのでしょう。話をするときは、まず勇気を奮い起こさなければなりません。どんな人でも、公の場で話をするときは緊張し、なかなか慣れないものです。私が先ほど立ち上がって質問をしたときも、こんなにたくさんの人から見られることに戸惑いましたが、まずやってみて、そして努力することが大切です。努力しなければ成功することはできないからです。

交流で誤解を取り除く

斉波　私は上海戯劇学院戯曲専攻の学部生で、回族です。私の祖先はペルシャ人で、七百年ほど前に中国へ来ました。彼らは一三六五年に元と戦い、元軍によって中国へ連れて来られ、元朝が滅びた後は監視兵たちと一緒に生活し、代々中国に定住するようになったのです。小さいころから、中国は寛容な国で、だから私たちはここで生活しているのだと言い聞かされてきました。ただ、大きくなって、他の人とやりとりする際に困難を感じるようになってきました。

趙　ペルシャ語で何か言ってもらうことはできますか。

斉波　山東地区ではペルシャ語はすでに失われています。

趙　自分が外来民族だと強調しすぎないほうがいいのではないかと思います。七百年前のあなたの祖先はペルシャ人でしたが、今のあなたは中国人です。数百年前の境界線を強調しすぎると、気持ちを通じ合うのは難しくなります。集団の中に入ることを心がけ、感情を少し整理する必要があるかもしれません。

斉波　私にはイスラム教徒としての宗教的な習慣があって、そのために漢族の同級生と交流しづらいというのが、私の頭を悩ませているのです。

趙　信仰が異なっても、十分交流することは可能です。お互いに相手の信仰を尊重することは、交流の基本です。私の友人夫婦は、片方がイスラム教徒ですが、互いに相手を尊重し、とても仲睦まじく、周りを羨ましがらせています。

斉波　もし交流する中で誤解が生じたら、例えば自分が騙されていると感じたり、あるいは相手に騙されていると思わせてしまったりしたときは、どのように対立を解消するべきでしょうか。

趙　交流を通じて誤解を取り除くことができます。仮に誤解でなく、相手が意図的にあなたを騙したのだとすれば、今後は付き合わなければいいことです。ですから、具体的な事柄に対して具体的に分析することが必要です。あなたはさっぱりとした性格に見えるのに、過ぎ去ったことに心を痛めています。過ぎたことはもうそれまでなのです。

呉　先ほど頭を悩ませていると言いましたが、ちょっと意味が分からないので、どういうことか教えてもらえますか。

斉波　私の悩みは人と上手に交流できないということです。人との付き合いの中で、私はいつも誠実であろうとしていますが、あるとき理由があって、事実を言えず、真相を知っているのに黙っていた、と誤解を受けたことがあります。その後、状況が変わって話せるようになったのですが、周囲からは事実を隠蔽したと思われました。この難局をどのように打開したらいいか悩んでいます。

呉　誰もが成功と失敗を経験します。あなたは交流がうまくいかなかった原因を分析することです。自分が原因なのか、相手の誤解なのか、それとも自分が余計な気を回しただけなのか。どんな事柄も具体的に分析する必要があり、分析が終わったら自分で調整することで、結果は違ってくるでしょう。中国人にしても、外国人にしても、ほとんどの人は善良で、ほとんどの人は意思の疎通が可能であると、私はそのように思っています。

四　両親との交流から始めよう

趙　人生は両親との交流から始まります。「ママ、水が飲みたい」「パパ、ちょっと寒い」、これが交流の始まりではないでしょうか。交流の習慣は、両親から大きな影響を受けるものです。

呉　人のコミュニケーション能力にも本能的なものがあると思いますか。

趙　人類は先に言葉を持ち、その後に文字が生まれました。現在でも言葉だけ用い、自らの文字を持たない民族がいます。ですから、主に言葉に頼って交流するのは当然で、文字や絵、ジェスチャーは補助的なものです。言葉は遺伝するものではなく、言葉を学習する能力、あるいは脳の中で言葉を記憶し操る領域が遺伝するのであって、学習を通じて言葉を掌握し、言葉を掌握することで交流ができます。言葉はまず交流に用いられ、思考能力が成長する中で、言葉と思考との密接な関係が生まれます。

呉　ああ、言葉を学習する能力と、脳の中の言葉を学ぶ領域が遺伝するから、何種類かの言語を学ぶことが可能なのですね。あなたは何カ国語を学びましたか。

趙　中学・高校でロシア語を五年、大学でドイツ語を三年、英語を一年学び、その後は仕事を通じてたくさんの時間を英語に費やしました。英語から離れたら、私の研究活動は一歩も進みません。しかし、三本の鈍い刀は一本の鋭い刀に及びません。あなたはフランス語と英語を流暢に話しますし、スペイン語もできますよね。

呉　スペイン語は「鈍い刀」ですけどね。（笑い）

趙　人類が原人だったときの言葉は「鈍い刀」でした。人類の進化においては、脳の進化がポイントで、また交流は脳の進化に大きな役割を果たします。それは言葉を育て、つまりは交流が人類を変えたのです。

　人は赤ん坊のときから両親との交流を始めます。人は一生、言葉から離れることはできず、精神の成長も言葉と無関係ではいられません（口のきけない人も心の声で話しています）。フランシス・ベーコンは、「われわれは自分の言葉を統御していると考えているが、しかし、われわれが言葉によって支配され統御されているのである」と言っています。このように見ると、交流においては、双方の思考が新たな火花を散らしているのかもしれません。

呉　私の母は人付き合いが上手な一方、父は口数の少ない人でした。幼いころから、一家の収入はすべて父の肩にかかっていて、父は楽天的でまっすぐな気性の人でしたが、時には厳しい言葉ももらいました。母は貧しい家に生まれ、よく家事をこなし、人助けが好きで、道理をわきまえ情に通じて、いつも論理的に分析し、もつれたことを公平に処理しました。父は私塾に二年ほど通っただけでしたが、家が貧しかったので仕方ないといつも言っていました。私たち兄弟に勉強させるため、懸命に働き、口癖だった「人たるもの能力がなければならない」「凶作は職人を飢えさせない」という言葉は、今も私の記憶に残っています。

趙 私の両親は大学の物理学の教授でした。大学の敷地内に住んでいましたが、住居はそれほど広くなく、二人は毎晩学校の図書館かオフィスで本を読んだり、授業の準備をしたりしていました。私は中学時代、夜十時過ぎまで待たないと勉強を見てもらえなくて、困ることがありました。家庭生活は質素で、旧式のラジオと自転車二台を何十年も使い、壊れたら修理してまた使っていました。ついでに言わせてもらうと、私は真空管ラジオと自転車修理の名人ですよ。

呉 私は高校生になって、十五歳で共産主義青年団に入りました。菓子や瓜子［スイカやカボチャの種］を買い、仲間と祝いたくて父に無心しましたが、あっさり断られました。家には他に五人も子どもがいて、確かに大変だったのです。母は私が落ち込まないように、こっそりお金を渡してくれました。あのときの私にとって、母は最も頼りになる存在でした。

趙 四十歳を過ぎたころ、アメリカで講演したときの録音を両親に聞いてもらいました。父は、「二年くらい教師をやれば、もっと上手に話せたのに」と言いました。母は、自分が授業をするときは学生の目線に注意して、常に講義内容を調整していると言いました。小中学生だったころも、私の話はあまり明確でないと言われ、言い直させられることがよくありました。

呉 私は重慶に生まれ、幼いころは日本軍の飛行機に襲われたこともありました。兄について学校に行きはじめましたが、そのときはまだ四歳でした。私があまりにも遊んでばかりいたので、ただ遊ばせておくより一緒に学校へ行かせた方がいいと家族に思われたようです。

趙 あなたは神童です。確か二十歳で大学を卒業したのですよね。

呉　その後、家は南京へ引っ越しましたが、あちこち移動した上に、いたずらっ子だったこともあり、小学校の成績はひどいもので、おそらく下の方だったと思います。あるときは何科目か落第点をとったこともあって、おそるおそる父に成績表を差し出したら、父は怒鳴りもせず、「今回は仕方ないが、次は駄目だぞ」と言っただけでした。私が努力するようになったのは中学以降のことです。

趙　あちこち引っ越したということは、異なる地域の文化を味わったのですね。ずっと一つの場所で一生を終えるのは残念なことで、そこが天下であると思ってしまうかもしれません。あなたは数少ない特例で、これまでに世界中を旅していますよね。

呉　まったくです。異なる地域で異なる文化の薫陶を受け、多様な文化が入り混じれば、人生が多彩になり、思想も豊かになります。

趙　私の場合は、基本的に北京、天津、上海の三都市、それに農村が一つ加わります。北京で生まれ、小学校三年生まで学び、天津で中学校を卒業し、北京の大学で五年間学びました。その後、北京で十一年仕事をし、続いて上海で二十四年、今は再び北京で働いて十二年になります。そのうち一九六九年五月から一九七一年十二月まで農村へ行き、貧農・下層中農の再教育を受け、「五七」戦士と呼ばれて、合わせて二年七カ月をそこで過ごしました。最後に村を離れるとき、農民から、「私たちと同じように、天秤棒を担ぎ、稲を刈り、トラクターを運転し、豚を屠り、結び目を作った」と評価されました。彼らの結び目の作り方は念入りで、うまく結べなければ事故が起こりかねません。ですから、農民の苦労を味わい、農民との交流を学び、中国という二元化社会の改革の必要性を理解しました。これもまた、知識分子が農村で働いた一種の収穫と言えるでしょう。（注4）

李希　皆さん、こんにちは。私は復旦大学法学部の三年生で、一九九二年生まれです。私の質問はどのように父子間の衝突を解決するかです。私は四川省の出身ですが、内陸部と沿岸部では意識の上で大きな違いがあると感じています。毎年帰省した際、私が普段接している価値観と両親世代の考え方とが大きく衝突します。あるときは大変困った事態になりました。父と話しているうちに、激しく対立してしまったのです。その日は雨降りで、私はスニーカー、父はゴム長靴を履いて親戚の家へ向かいましたが、周辺は舗装されてないため、すべてぬかるんでいました。小さな妹が父におんぶをせがみましたが、父は私が長子としてその責を負うべきと考えました。このような道で転ぶかもしれないし、妹を背負うのは嫌だったのですが、父はあくまで譲りませんでした。そこで私たち二人はぶつかってしまったのです。最初は父が小言を言い、私が弁解していたのですが、私が黙り込んだ後も、父は話を止めません。そのときは私が妥協しましたが、今後も父と衝突することはあると思います。どのようにすれば比較的良い解決手段を見つけられるのでしょうか。

呉　父子間の衝突は、どこの家でも起こるものです。具体的な事例を観察し、どのように解決するか考えるべきで、絶対的な決まりがあるわけではありません。先ほどの例について言えば、傍観者の立場から見て、あなたが良くないように思います。あなたは若く、力もあるのに、妹を背負わず、父親にまかせようとしたのですか。靴が濡れるのが何だというのでしょう。滑って転んでしまうかもしれませんが、

4　一九六九年五月から一九七一年十二月まで、趙啓正氏は湖北省にある核工業部の五七幹部学校で労働に従事した。五七幹部学校は文化大革命時の幹部の強制労働収容所のことを指す。

あなたが妹を背負ってあげれば、お父さんはきっといい息子だと思ったことでしょう。

趙　呉大使の言うことはもっともです。状況を変えて考えてみましょう。あなたがお金を持っていて、家に新しいテレビを買おうと考えたとします。両親のために、大画面のフラット液晶テレビにするつもりでした。このとき、買おうというあなたの主張に対して、父親があくまで固辞するなら、そこはあなたが譲るべきです。中国では親孝行について「孝順」という字を用いますが、この「順」という字が大切で、つまりは年配者に譲歩し、従順になるということです。もし息子が稼いだお金で、テレビを買ってくれたとしても、それを見るたびに心を痛めるのなら、その必要性はありません。では、譲歩してはいけないのは、どんなときでしょう。それは父親が病気になり、病院へ行かなければいけないのに、お金がもったいないからと医者にかかるのを渋るようなときです。このときは素直に従ってはいけません。このような場合には、従わないことが親孝行になります。

ですから、どんな事情があるのかを注意しなければいけません。原則的な問題でなければ、子どもが譲歩するべきです。原則的な問題、例えば安全や生命に関わるものについては、自分の主張を通すことが本当の親孝行になります。

交流方式は無数にあり、取り組み方が一番大切である

王雨　皆さん、こんにちは。私は上海大学財務管理専攻の学生です。私の同級生に、定期的に家族会議を開く家があって、両親は少しも偉そうでなく、とりわけ平等な態度で子どもと交流しているそうです。

お二人から見て、このような家庭内の交流は好ましいと思われますか。私たちは本当に両親と友人関係になれるのでしょうか。

趙　中国にはたくさんの家庭があり、各家庭それぞれのやり方があります。両親は子どもの前ではもちろん年長者ですが、子どもの友人になり、子どもから怖がられないようにしなければなりません。日頃から仲良くしていれば、それで意思の疎通をはかれます。そのような会合が好きな人もいますが、自分たちが良いと思えばそれで良いのです。統一モデルというものはありません。しかし、私は、親子が友人のように接することを習慣にするべきだと思います。

呉　一つ質問したいのですが、先ほど何人かと話したところ、両親と共通の話題がないと感じているようでした。あなたにもこのような状況がありますか。

王南　中国の伝統的な考えでは、父母や年長者は目上の人間です。それに多くの場合、両親は経験豊富で、私たちにない体験をたくさんしてきたため、自分たちの考え方のほうが重要で正しく、私たちはそれを認めるべきだと思っています。しかし、私たち世代は成長の過程にあり、個性が比較的はっきりしていて、主体的意識が強く、私たちも自分たちの意見を肯定してほしいと思っています。ですから、両親とぶつかることが多く、私は彼らを説得しようとし、彼らもまた私を説得しようとし、結局はそれぞれの意見を保留するしかなくなるのです。

呉　何か例を挙げてみてください。

王雨　例えば、私は犬を飼えば家の中が明るくなると思ったのですが、父は気が進まず、世話をするのが面倒だと言いました。最初はひどく言い争い、言葉遣いも激しくなったのですが、最後は犬を飼うことに同意してくれました。

呉　私が思うに、両親と交流する際は必ず異なる見方が出てくるもので、これには心の準備をしておかなければなりません。私たちはよく「文化を超えた交流」と言いますが、世代が違えば文化も異なります。文化によって思想が決まり、思想によって行動が決まるのです。個人の行動がどのように生じるのか、よく考えてみてください。その人の文化が作り上げる思想と深い関わりがあります。

ですから、両親と交流するときは、彼らの立場になり、彼らに代わって考えてみることです。そうすれば、比較的全面的な話ができて、両親もあなたがわざと口答えをしているとは感じないでしょう。伝統的な中国の父母は尊厳があり、家長であり、この伝統は正しいかどうかという問題ではなく、紛れもない事実であって、あなたも受け入れなければなりません。両親の考え方をおかしいと感じ、そのときは彼らを説得できなくても、決して極端な方法をとるのではなく、話題を変えて、ゆっくりとその問題について説明すればよいのです。それから、両親と共通の話題を持つことです。家に帰って、お互いに意地を張り合う必要はありません。毎回言い争いばかりしていたら、そのうちに、この子はいったいどうしたのかと思われるでしょう。両親と共通の話題を探すには、少しばかり努力が必要ですが、例えばあなたは両親が好きな物を知っていますか。

両親と意思の疎通をはかる中で、どうせ話しても分からない、だからもう話さない、というような心理状態になることは避けなければなりません。このような気持ちになると、両親の心を傷つけます。考えてもごらんなさい、苦労してここまで子どもを育てたのに、帰宅して口もきかず、いつもコンピューターに向かっているようでは、親はどのように思うでしょうか。あなたが親になったとき、子供にこのような振る舞いをされたら、あなたはどのように感じますか。相手の身になって考えれば、必ず共通の話題を探し出せるはずです。

何達　皆さん、こんにちは。私は上海大学財貿学院二〇〇九年度入学の学部生です。もうすぐ食事の時間なので、私は食事に関係のある質問をしたいと思います。休暇で家に帰るたびに、両親に何だかよく分からない集まりに連れていかれます。私はいつも携帯をいじっていて、他の人と交流しようとは思わないのですが、家に帰るとそれを両親に責められます。彼らは両親の友達であって、私の友達ではない、私には自分の友達がいるのだから、自分の友達と食事に行きたいのだと私は弁解します。後になって考えると、こんな風に言うのは間違っていて、家族なのだから、やはり両親と一緒に行くべきだろうと思うのですが、本当にその集まりでは、彼らとの壁を越えて交流する方法が見つかりません。お二人にお尋ねしたいのですが、私はどうしたらいいのでしょうか。

趙　あなたの両親は何をなさっているのですか。

何達　物流に携わっていますが、この件とはあまり関係がありません。

趙　関係あるかもしれませんよ。両親の友達がどんな人たちか知るためです。彼らの見識が広ければ、何か面白い話題が出て、刺激を受けるかもしれないし、笑い話を聞いて楽しくなるかもしれません。ただ食事をして、おしゃべりするだけなら、あなたが黙り込むのも無理ありません。あなたがつまらないと思うのなら、両親に行きたくない理由を伝えてもよいでしょう。

何達　両親の友達なので、理解に努めるべきだと思うのですが、この壁をどうやって越えればいいのか分からないのです。

呉　どのようにして越えればいいのか、それにはまず、気持ちの整理が必要です。壁はあなたが作り出したものです。あなたには自分の友達がいて、両親にも友達がいて、お互いの領域を荒らすべきではないと、あなたは思っています。これは間違いで、まず心の中で壁を取り除かなければなりません。『紅楼夢』に出てくる「世事を洞明するは皆学問、人情の練達は即ち文章（世事を洞察するのが学問であり、人情に通じるのが文章である）」という対句には道理があります。世界中のさまざまな事柄については、あなたもよく理解できると思いますが、これは一種の知識です。人情に厚く、異なるタイプや異なる年齢の人と付き合う、これは能力であり、このような能力は努力して作り上げるものです。

次に、父母の気持ちを考えてください。若い人は時に親の気持ちを無視して、休みに家に帰ればそれでよい、両親はきっと喜ぶはずと考えます。実際には、彼らはあなたを注意深く観察して、どうしてこんなに長い間帰ってこなかったのか、帰って来たのにどうして携帯ばかりいじっているのかと不思議に思うのです。あなたがいつもこのような態度でいたら、彼らの気持ちは晴れず、どうしてこの子は変わってしまったのかなど、いろいろなことを考えるかもしれません。あなたは親に寄り添い、普段どんなことをしているのか、何か手伝えることがあるか聞いてみるべきです。親が気にかけてくれるのを当たり前と思ってはいけません。今は親のことを気にかけない若者も一部にいますが、父母も人間であり、大切にしてほしいはずで、特に子どもたちからの愛情を必要としています。どうしても集まりに出なければいけないのなら、これを機に、両親の友達がどんな人なのか、どんな分野の人なのか尋ねてみてはどうでしょう。彼らに質問を投げかけたら、自分の知識を豊かにすることもできるし、この子は教養があり、知識があって、レベルの高い質問をすると思ってもらえるかもしれません。壁というのは人が作るもので、自分で作り上げてしまうものです。自分でそれを取り除き、考え方を改めれば、たちまち目の前が明るくなるはずです。

五　一回のスピーチが人生を変える

趙　人生は父母との交流から始まり、その後は社会と交流し、人との付き合いを通して社会が構成され、文化が形成されます。多くの人は交流を学ぶべきものではなく、自然に身につくものだと思っているかもしれません。しかし、よく考えてみると、人は実践の中で絶えず自分のコミュニケーション能力を高めているのです。例えば、言うべきことを言わなかった、あるいは言うべきでないことを言ってしまったと、後から反省するときがあります。あるいは、もっと明確に言うべきだったのにそうしなかったと思うこともあります。それによって、次に同じような場面になったら言うべきことを言い、しかもさらに明確に言うことができます。このような積み重ねにより、知らず知らずのうちに学び、進歩していくのです。交流を通じて、徐々に自分を変え、ひいては人生を変えるのです。

呉　交流が人生を変えることについては、いくつも例を挙げることができます。そのうちの一例が顧維鈞で、彼は二十四歳のときに袁世凱の英文秘書となり、唐紹儀国務院総理の秘書にもなりました。彼はどうやって一息に最高階層まで達したのでしょうか。一九〇八年、清政府の奉天巡撫だった唐紹儀が特使としてアメリカを訪問し、留学生と会見しました。留学生代表として話をしたのが顧維鈞で、その一回のスピーチが唐紹儀の心に強く残りました。そこで、唐紹儀が初代中華民国の国務総理になった後、袁世凱に英文秘書が必要になったとき、顧維鈞を呼ぶことにしたのです。当時、顧維鈞はコロンビア大学の博士課程にいて、最初は固辞したのですが、彼の師であるムーア教授が、「千載一遇のチャンスだから、行きなさい」と言い、博士論文は後日書き上げればよいことになりました。彼はたちまち最高階層に達し、後に唐紹儀の娘と結婚しました。これは一回のスピーチが人生を変えた物語です。

趙 一回の優れたスピーチによって、彼は重用される機会を得ました。彼のさらに素晴らしいパフォーマンスは、一九一九年に中国の代表としてパリ講和会議に赴き、山東省におけるドイツの権益を継承するという日本の理不尽な要求に対して、断固として反対したことです。彼は会議の席で、「中国は山東省を放棄できない。それはキリスト教徒がエルサレムを放棄できないのと同じことだ」と激高しました。その場で多数の各国代表の共感を呼び、ドイツとの講和条約への署名を拒み、山東省の主権を保持しました。これにより、彼の名は世界中に知られるようになりました。『顧維鈞外交演説集』が出版されていますので、皆さんも一度読んでみることをお勧めします。

呉 私は一九八〇年代に、大都市の人民代表大会で副市長の候補者演説が行われる中、普段は目立たない立候補者が素晴らしい演説をし、選挙に勝ったことを覚えています。

趙 こうした例は、どれも飛躍的に人生の軌道を変えていますが、通常は徐々に人生を変えていくものです。例えば、交流が上手な人が職場で同僚や上司の理解を得て、高く評価されるようになり、より大きな役割を果たすことがあります。学術分野で交流上手な人は、他の人から知識や教養を吸収しやすく、交流する中で自分に不足するものが露呈しても、周囲から批判や指摘を容易に得ることができ、学術レベルをいくらか向上することができます。

呉　そうです。影響力や他の人からの承認は、一朝一夕に形成されるものではなく、少しずつ前進していくものです。あなたの印象は、プロセスの積み重ねによって作り上げられます。あなたの能力を知ってもらうのも、プロセスの一つです。私は計十三年間、多国間外交に携わっていますが、多国間外交の重要な場面で優れたパフォーマンスを示せば、相手に深い印象を残せると思うようになりました。間違いなく、その国の大使をさらに重視してもらえるようになるのです。

趙　一般に大国は人材も多いですし、百人から一人を選ぶのと、一万人から一人を選ぶのとでは違ってきますよね。

呉　ただ、敬服されるのはどんな人だと思いますか。全員で知恵を絞り、それでも良い方法を思いつかない時にアイディアを出せる大使がいれば、彼が提出したプランは多方面に受け入れられます。このような人は小国の大使に多く、かつて付き合いがあったジャマイカやトリニダード・トバゴの大使は、国は小さくともコミュニケーション能力に優れ、非常に影響力がありました。一人の外交官の成功も、徐々に成し遂げられるものです。私は「スポークスマンの技巧」など話題にしたくありません。私は「技巧」という二文字がとても嫌で、スポークスマンが技巧に頼って発言するのは賛成しません。

趙　政府のスポークスマンには、少なくとも三つの基本条件があると思います。一つ目は「政治に成熟し、適切な立場で、責任を負う勇気がある」こと、二つ目は「内に国情を知り、外に世界を知る」こと、三つ目は「ロジックを重んじ、道理と節度を持つ」ことです。思想の土台を欠いた技巧は無益な小細工にすぎず、技巧を強調するのは本末転倒です。

呉　あなたはこれまで、「技巧」を基本条件だと言ったことはありませんね。私は「技巧」という言葉が好きではなく、私が好きなのは真の技量であると学生に話しています。今はどうして技巧が持てはやされるのでしょうか。それは社会全体の雰囲気が上調子で、目前の功を焦り、容易に成果を得ようと考えるからですが、そんなことは不可能です。コミュニケーション能力は年月の積み重ねによって少しずつ強化し、徐々に向上させていくもので、すぐには育ちません。今日は駄目でも、一冊の本を読み、一回のスピーチを聞くことを積み重ねることで、明日はきっと良くなるでしょう。

尚星　先生方、こんにちは。私には二つ質問があります。一つはグループづくりに関することで、私は上海大学の大学院生による教育支援団体の一員ですが、同じ学校内でもさまざまな専攻の学生がいて、互いの隔たりが大きく、どのような交流方法を用いればすぐにグループとして団結できるのか、教えていただけないでしょうか。もう一つは、私たちの交流相手には父母、先生、指導者、仲間、同年代といますが……もちろん、異なる立場の人には異なる方法をとるべきでしょうが、誰にでも通用しやすい一般法則があれば、総括していただけませんか。よろしくお願いします。

趙　その二つの質問は、実は同じことを聞いていて、つまり周囲との意思疎通に何か秘訣があるかということですね。何か秘訣を聞きたいのであれば、誠意をもって接すること、誠意をもって接しなければ友好関係は結べないと答えましょう。あなたの団体は、さまざまな面でコミュニケーションをはかることが可能で、例えば教育支援の意義はそもそもどんなことか、雑談を交わす中からより明らかにすることができます。さらに、教育支援後は何ができるのか、将来の見通しはどうか、どんな職業につくことが可能なのか、これらはどれも話題になりますし、また教育支援分野に限らなくてもよいでしょう。あなたたちは一つのコミュニティで、個人の利益のために作られたグループではなく、自然なつながりです。誰もがみな誠意をもって接すれば、意思の疎通は容易なはずですし、同年代で、異なる専攻に学び、同じような問題に直面しているとしたら、あなたたちの交流は非常に有意義なものになるはずです。

六 交流が上手な人は幸せである

孤独は人生最大の悲哀

趙 誰もが交流したいと願っていて、それには交流する相手が必要になります。たまたま出会った人と交流するというわけにもいかないので、ネットワークが重要です。すべての人に自分の生活圏や友人関係があります。気の合う人と一緒にくつろいだり、雑談したり、意見を交わしたり、時には一緒に休日を過ごし、旅行をしたりするのはとても愉快なものです。あなたの友人関係はいかがですか。

呉 外交に携わっていると、友人関係が広がります。例えばフランスで働いていたときは、実業家にも、政界にも、文芸界やマスコミ関係者にも友人がいました。異なる世界の友人には異なる特徴があります。大使の管轄は広範囲にわたるので、各方面の状況を把握しておかなければなりません。彼らと交流する時は、相手の特徴の理解に努め、ふさわしい話題を提供することが大事です。そうでなければ、交流を深めていくことはできないでしょう。

趙　仕事上の友人はその一例で、仕事に関する情報や観点を共有することができます。私にも多くの友人がいて、小学校、中学校、高校、大学の同級生とは、今も連絡を取り合っています。これらの友人は、互いに机を並べながら、共に学び、共に遊んだ仲で、卒業後も互いを懐かしみ、特に年を経るにつれて、旧友への想いはさらに深くなりました。以前は母校訪問の機会があっても、必ず足を運ぶわけではありませんでしたが、ここ数年、同級生の集まりには、時間が許す限り遠路を問わず駆けつけ、懐かしい思い出に浸っています。若いころ共に学んだ時とは異なり、存分に心を通わす交流であり、一緒に昔を振り返り、それぞれの近況を語り合うことは、まさに感情を揺さぶられる思いです。

呉　私も同じように感じます。南京を訪れて、旧友と会い、当時のエピソードや、誰かの失敗談について話すのは、本当に楽しいものです。

趙　仕事上の友人で、退職や異動後も付き合いが続くのは、一割か二割くらいでしょう。付き合いが途切れたとしても、相手のことを冷たいと思ったり、「人一走、茶就涼（人ひとたび去れば、熱いお茶でも冷めてしまう）」と不満を言ったりしてはいけません。みんな忙しくしているので、仕事のつながりがなくなれば、会う機会が少なくなるのは自然なことです。一割か二割と付き合いを続けられれば、それで十分ではないかと思います。

呉　その考え方に賛成です。仕事が変われば、友人関係も変化します。関心を持つ問題や、行動、興味が変われば、付き合う友人もまた変わるのです。

趙　親しい友人であればあるほど、十分な交流ができます。友人が多くなれば、孤独を感じることもないでしょう。気持ちの整理がつかないことがあって、鬱病にまでなってしまうのは、もちろん生理的な原因もあるのでしょうが、身近に親しい友が少なく、胸の内を吐き出せる場所がないことが大きいと考えられます。ですから、孤独は人生の大きな悲哀です。『周易』の中に、「二人心を同じくすれば、其の利きこと金を断つ。同心の言は、その臭《にお》い蘭の如し」という言葉がありますが、「同心の言」であったとしても、交流する中できちんと伝える必要があります。交流が多くなり、友人も多くなったら、蘭に囲まれて暮らすわけにはいかないのです。ですから、レベルアップや人生を変えるために交流するのもいいのですが、それだけでは万全ではなく、交流自体が人生を向上させるものなのです。

呉　あなたは交流の意義をさらに一歩前進させました。交流は生活をさらに素晴らしくするのですね。

趙　真実の友は思想と感情の交流から生まれます。昔の人は、面と向かって厳しい忠告をしてくれる友人を、「諍友《そうゆう》」あるいは「畏友《いゆう》」と呼びました。ただ一緒に遊ぶだけでは、なかなか「諍友」や「畏友」になれません。明の名士である蘇浚は、『鶏鳴偶記』で友人を四種類に分け、「道義を相砥ぎ、過失を相規《ただ》す、畏友なり。緩急を共にし、死生を託せる、密友なり。甘言飴の如く、遊戯徴きて逐ぐ、暱友《じつゆう》なり。和して即ち相攘《はら》い、患いて即ち相傾く、賊友なり」と言っています。

呉　「畏友」と「密友」はどちらも思想の深い交流を経て、『易経』の「同声相応じ、同気相求む」の境地に達し、真の「諍友」となります。指導者の立場にある人こそ、遠慮なく発言してくれる「諍友」が必要です。

趙　まず同僚に意見を求め、不適切なところがあれば改める、という考え方もあります。いわゆる「家醜、外に揚げるべからず（内輪の揉め事を外部へ出してはいけない）」で、先に内部に知らせてしまえば、うっかり外部に広まることを避けられます。

呉　私は草稿を書き上げたら、まず秘書の意見を聞くことにしています。これも今の「先に内部に知らせて」と合致するかもしれませんね。

趙　秘書と言えば、一日中顔を合わせる存在ですから、意見を聞いてしかるべきですね。かつて人事考課の際に、「指導力が弱い」と指摘された局長がいました。彼は、「秘書ですら私の言うことを聞いてくれないのに、どうやって指導力を発揮しろというのか」と言いました。実際に、彼は自分の思想を管轄部門共通の思想とすることができず、それこそ指導力が弱い表れでした。

呉　言い換えると、たとえ良い思想を持っていたとしても、それを表現できなければ、誰からも信用されず、良い指導者にはなれないということです。これぞまさに、コミュニケーション能力は指導力の一部であり、指導力の基礎であると話す理由です。

趙　少し範囲を小さくし、家庭内の交流について話すことにしましょうか。私が小さいころ、中国の一般家庭にはテレビがなく、食事の時間は両親とたくさん話をして、それは一日のうちで最も楽しい時間でした。現在はテレビが普及し、食事をしながら番組を見るため、会話が少なくなりました。近頃では家に何台もテレビがあって、食事が終わるとそれぞれ好きな番組を見るので、さらに交流が少なくなり、家族のつながりがいくらか希薄になっています。私も気になっているのですが、どうやって改善すればいいのか分かりません。

呉　現在はコンピューターとの交流が多くなる一方で、人と人との交流が少なくなっています。これは一つの損失です。

趙　私たちはこれらの損失があることを認めなければなりません。現代の科学技術が人類にもたらしたものは、すべてが人の本質に適したものとは限りません。人の寿命は有限で、一日の就業時間や生活時間も有限です。テレビやコンピューターに時間をとられ、人と人との交流が少なくなるのは残念なことです。私たちはテレビを見るのを少し控えて、親子間の会話を増やしたほうがいいのかもしれません。家庭内の交流は、喜びを共有し、悩みを取り除き、ジェネレーション・ギャップを埋め、心の慰めを得るなど、生活に温かみをもたらします。ですから、交流が上手な人はさらに幸せになるのです。

呉　私はテレビをあまり見ません。自分が関わった番組も含めてです。そこで語ったことは過去の話であり、その評価は人にまかせればいいのです。妻とは毎晩五十分ほど一緒に散歩をしていて、日々の会話や交流も多い方だと思っています。

趙　それは素晴らしい。運動とコミュニケーションを同時に行えるのですね。

呉　寝る前の散歩は実に気持ち良く、一日働いた疲れや緊張もかなり解消されます。

趙　いい夫婦ですね。私は北京に異動して十二年になりますが、赴任前、妻には「安心して行ってきてください」と言われました。彼女は上海で宇宙事業の研究員をしています。仕事をやりつつ、子供の世話をして、家事一切を引き受け、本当に苦労をかけています。私たちは同世代で、仕事が第一、国の需要が第一でやってきました。妻にはまったく頭が上がりません。

呉　昔は出張に行っても、家に電話もせず、「着いたよ」とショートメールを送るくらいでした。特に必要ないと思っていたのです。今はそうではなく、出張先からも電話で二言三言話しますし、妻の方も「電話が来るころだと思った」と言ってくれます。

趙　私の妻も「あなたの電話だと思ったわ」と言いますね。

呉　彼女の思うことをあれこれ聞いてやったり、私が見聞きしたことを少し話したり、そういうやりとりを妻は喜んでいます。

趙　まさに「身に彩鳳双飛《さいほうそうひ》の翼無きも、心に霊犀《れいさい》一点の通ずる有り（身は鳳凰のような比翼の鳥ではないが、犀角の一本の筋のように心は通じている）」（李商隠『無題』）ですね。

呉　もし私が電話をせず、彼女の方も一日中忙しく働いていたら、何か物足りない感じがします。

趙　私は科学技術分野に従事して二十年ほど、政府の仕事をするようになって二十年ほど経ちますが、自分の話し方が変わったとは思っていません。ただ、母からは、「少し役人くさくなった気がする」と言われました。どうしてそう思うのか聞いてみたら、「誰かから電話をもらって、話が長くなったときに、『分かった。今日はここまでにしよう』と言うだろう。どうしてそんな風に、人の話を打ち切ったりできるのか」と言うのです。私は「電話を受ける数が多過ぎるからだよ」と弁解しましたが、妻からも同じような忠告を受けたことがあります。

呉　身内の人間はそうした注意をしてくれますが、部下はできません。時折そういうことを気づかせてくれるのは有難いことです。私は妻から、「あなたはsmall talkができないから、すぐ本題に入るし、世間話も上手じゃない。仕事をしているときにジロリと睨む癖があるのは、相手を怖がらせるから良くないわ」と指摘されました。

趙　私も若いころ、「あなたは友人との集まりで、延々と話し続けることがあるけど、それは他の人が遠慮して口を挟まないでいるのよ」と妻に気づかされたことがあります。

呉　親しい人は他の人が口に出せないことを意見してくれます。これも交流の一種ですし、それによって自分が意識していない悪い癖を改めることができます。

いつも相手を変えようとする必要はない

梁洛　先生方、こんにちは。私は上海戯劇学院大学院演出専攻の学生です。以前に『呉建民伝』を読みましたが、その中で呉大使が人生の低迷期だったとき、施燕華夫人と互いに支え合う姿は周囲から称賛され、羨ましがられたと書いてありました。私が今、戸惑っているのは、大学での恋愛は実らないとよく言われることです。これにはコミュニケーションがうまくいかず、溝が生まれるなど、いくつもの原因が考えられます。誰かに認められることを渇望する私たち世代にとって、もし相手から自分を変えることばかり求められたら、二人が付き合う中でどんどん障害が多くなり、コミュニケーションも効果がなくなるでしょう。また、関心が移ろいやすいこともおそらく原因の一つで、その中でも互いを思いやることは多いはずですが、最後は別れざるを得なくなります。いったいどのように付き合っていけば、良い結果がもたらされるのでしょうか。

呉　いい質問をしてくれました。これは人と人の交流、とりわけ男子と女子の交流という問題ですね。あなたは先ほど、「相手を変えたいと思うと」というようなことを言いましたが、私の経験から言わせてもらえば、相手を変えるのは大変で、自分を変える方がやさしいものです。

西漢時代の著名な政治家である賈誼は、『退譲』という文章の中で、このような逸話を紹介しています。かつて楚国と梁国という二つの諸侯国がありました。両国とも国境付近に西瓜《スイカ》を植えていましたが、楚国の瓜は水やりが不十分で育ちが悪く、梁国の瓜は毎日水を与えられて順調に育っていました。楚国の人がこれを妬み、夜になると梁国へ行き、苗を根こそぎ抜いてしまったので、瓜はすべて枯れてしまいました。梁国の人はあまりの仕打ちに腹を立て、県令に訴えました。ところが県令は、彼らに仕返ししないよう命じ、それどころか夜に部下を楚国へ遣わし、楚国の水やりを手伝わせ、しかも相手に知らせることはしませんでした。やがて楚国の瓜も良く育つようになりました。後に楚国の人も、瓜の育ちが良いのは、梁国が仕返ししないどころか、水やりを手伝ってくれたからだと気づき、心を動かされました。楚国の王は自ら梁へ出向いて悪行を詫び、両国は和解したということです。これは譲歩の美学であり、自分を変える方が容易であるという、一つの道理を説いています。誰かと交流するときに、相手を変えることだけ考えてはいけません。変えようと思えば思うほど、相手は反発するので、それよりも自分を変えた方がいいでしょう。人と人との付き合いはおもしろいもので、相手があなたの想いを感じ取れば、そのことに感動し、楚国の人が梁国に対して行なったように、相応の行為を返してくれます。もう一つ例を挙げましょう。中国の改革開放は、まず自国を変えれば、世界も胸襟を開き、各国の企業家たちの中国進出を促せるというものでした。自分を変えれば、相手を変えることができます。これは二つの事例から導き出せます。

一九七九年から一九八三年は私の人生の低迷期で、生涯のうち最も静かな時期、また最もゆったりした時期でした。当時、妻は通訳をしており、非常に忙しかったのですが、もしそのころ彼女から見下されていたら、二人の関係は終わっていたことでしょう。しかし、彼女は私を思いやり、外出先であったことをすべて分かち合ってくれました。私はそのころ、一切の家事を引き受け、子どもの食事を作り、部屋の掃除を行い、このような協力体制によって和やかな関係を築いていました。このときに相手を変えようと思わなかったのが正解だったならば、国と国の関係も同じことです。あなたは先ほど、周囲に気にかけてもらえないと言いましたが、誰かにそれを強制したら、相手は困るばかりです。でも、何かの時に手を差し伸べることで、あなたに好感を持ってくれたら、すすんで気にかけてくれるようになるでしょう。ですから、ちょっと見方を変えて人生の問題に対処すれば、まったく違う結果になると思います。大学での恋愛は悩ましいということですが、必ずしもそうとは言えません。私はすでに長い道のりを歩いてきましたが、どんなことも公式化する必要はなく、世の中にそれほど多くの公式は存在しないのです。

趙 あなたたち夫婦のお付き合いは、どちらが主導権を握っていたのですか。（笑い）

呉 私の方が三学年ほど上なので、主導権は私にありましたが、彼女の気持ちを確かめてから動きました。私も断られるのは嫌でしたし、相手がどう思っているかは自然と分かるものです。人は強がって見せたくなるものですが、国と国との関係も同じです。現在、私たちはいくらか力を持つようになりましたが、だからと言って拳を振り上げるべきではありません。ましてや相手を変えようと思えば、手痛いしっぺ返しを受けることになりかねません。（拍手）

第二章

交流、それは範囲を広げすぎてはいけない

老子は『道徳経』の中で、「人を知る者は智、自らを知る者は明なり」と述べている。他人を知り理解する者は、自己の長所と短所も正確に把握する。これは一種の知恵の表れだろう。ほかの人と付き合う際は、相手が敏感に反応するところを探り、相手の心理状態を察知しなければならない。そうすることで交流の目的を達することができる。

一　交流は、誠意をもって対応しなければならない

趙　交流する中で、誠意が人を感動させることがよくあります。誠意は交流の通路を拓き、自己を豊かにすると同時に、相手も豊かにし、双方同時に向上することができます。これは大変得難いことであり、また交流の最終目的に達したと言えるでしょう。

呉　「誠意」は効果的な交流の原則です。私は于右任［清末・中華民国の政治家、書家］の「造物主が忌み嫌うのは巧者であり、万物が感動するのは誠意である」という言葉を大変気に入っています。これは人と人との交流において、相手の心を動かすには、まず誠実さが必要ということを表しています。外交活動も同じことで、成功するには、誠実さが大きな要素となります。

趙　デンマークの科学者であるボーア（注5）は、ノーベル賞を受賞し、原子物理学の分野で大きな貢献をしました。あるとき、「これほど多くの若い物理学者が、あなたのもとへこぞって集まるのには、何か秘訣があるのですか」と聞かれ、彼は、「若い人の前で、自分の愚かさをさらけ出すことを怖がらないからです」と答えました。これは知恵を呼び寄せ、また提供する正しい態度だと思います。学問や観点の中には、基本出発点に不備がある場合がありますが、慣れてしまうと、それに気づくことができません。一方で、学びはじめたばかりの若者は、初歩的な問題から尋ねるため、基本レベルで不足しているところを掘り起こすことができます。

呉　青年時代は創造力が最も旺盛ですし、若いので、枠にとらわれることもありません。私たちは一定の年齢になり、特に一定の成果や社会的地位を得てしまうと、「ああ、こんな問題を聞いたら恥ずかしい、

きっと何も知らない奴だと思われる」と考えがちです。ボーアは知恵者ですが、若者に自分の無知をさらけ出すことを恐れませんでした。どんなに聡明な人でも知らないことはあるものです。それを認める勇気を持ち、自分の無知をさらけ出すことを恐れなければ、若者から刺激を受けて自分の無知を補うことができ、そうして科学は進歩していくものなのです。

趙　どんなに教養が高い人でも、字を読み間違えることがあります。同じように、社会や何らかの分野の認識についても、間違いは付き物です。字を読み間違えるのと同じように、中にはずっと違った風に覚えていて、自分では気づかないこともあるでしょう。誰かがそれを指摘してくれれば、私は嬉しく思います。少ないコストで大きな収穫を得たようなものです。ですから、若い人の前で恥をかくことを恐れる必要はありません。特に年配の人に対して、これはしっかりと伝えておきたいことです。

呉　ボーアの話は、さらに研究する価値があると思います。自分の観点を示すときは、それを愚かなことだと思わず、率直で誠意ある態度で、若者からの質問を歓迎するのです。多くの年配の人はこのように思わず、問題を提起されるのを好まないのではないでしょうか。

趙　私は若者の前でいつも自分の愚かさをさらけ出していますよ。例えばコンピューターですが、私は一般的な機能は使えるものの、高度な機能については分かりません。そこで若い人たちに先生役をお願いし、よく教えてもらっています、今は少し使えるようになりました。

5　ニールス・ボーア（Niels Bohr　一八八五年十月七日―一九六二年十一月十八日）デンマークの物理学者。コペンハーゲン学派の創始者。一九二二年にノーベル物理学賞を受賞。

呉　そうですね、あなたは同年代の人と比べて、コンピューターに関しては先を行っていますよね。

趙　ボーアのような話は、外交の場面では見られないのではないですか。

呉　外交では外交辞令というものがあり、ボーアのように自分の見解を正直に伝えることはできません。ただ、外交官は表向きをつくろった発言か、あるいは上っ調子の軽薄な言葉を発すると思われがちですが、それは誤解です。優秀な外交官には、必ず多くの仲間がいます。重要な場合には彼らが助けてくれるのです。

趙　あなたにもそんな経験があるのでしょうね。

呉　私は一九九六年に人権大使としてジュネーブへ行きました。その年の人権委員会では、アメリカの対中提案に関する決議がありました。アフリカの大使の中で、「中国は発展途上国の最後の砦である」という私の考えに賛同してくれる人がいました。反中国決議案の審議が近づいたとき、彼は中国側に票を入れるだけでなく、その支持を会議で表明すると言ってくれました。しかし、採決日の午前になって、中国国内から電話があり、アフリカ諸国は中国支持から棄権に回るという連絡を受けました。人権委員会では一票に大変な重みがあります。その日は会場内に空席もなく、緊張感が漂っていました。私は例の大使と会場外で話をすることにしましたが、はっきりと「立場を変えるのですか」とは聞けず、「お困りのようですね」とだけ言いました。「ええ、プレッシャーが大きくて」と言う彼に対し、「プレッシャーが大きいなら、会議で発言しなくてもかまいません。最後に票を入れてくれればいいですよ」と告げました。すると、思いがけず、「呉大使、安心してください。約束通りにやりますから」という言葉をもらいました。これが誠意というものです。

趙　もしあなたが積極的に働きかけていなかったら、そうはならなかったでしょうね。

呉　それは何とも言えません。結果的に、彼は中国側に投票してくれただけでなく、中国を支持する発言を、たいへん熱く語ってくれました。まさに「将、軍に在りては君命も受けざるところあり（将軍が軍隊を率いて戦場で戦っている間は、たとえ皇帝の命令であっても、すべて守らなければならないという義務はない）」というところです。外交の世界で、これは簡単なことではありません。おもしろいことに、我々の勝利は周囲に大変喜ばれ、発展途上国の大使たちは列を作って私に握手を求めました。彼が目の前に来たとき、私はすぐに抱きつきました。「本当にありがとう」と私が言うと、彼は「呉大使、そんな風に言わないでください。中国を支持することは、私たち自身を支持することなのですから」と言ってくれました。私が話した道理を、彼は理解してくれた、これは本当の話です。このように外交においても、誠意がなければ友人はできないのです。（拍手）

趙　これはいい話ですね。若い学生たちにぜひ聞かせるべきです。国家に貢献するには、ポイントを押さえなければなりません。以前、学生にこんな話をしたことがあります。一二・九運動［一九三五年十二月九日に、日本の侵略に対して北京で起こった学生運動］がおこった時、中国政府はどのような状態だったでしょうか。腐敗していました。軍隊はどうでしょうか。ふがいないものでした。外交面はどうでしょうか。屈辱でした。追いつめられて他に方法もなく、ただ小旗を手にし、街中をデモ行進し、日本製品をボイコットするしかできませんでした。今の国や政府、外交はどうでしょうか。何か事件が起これば、私たちはソフトパワーとハードパワーの両面から対処でき、必ずしも小旗を持って街に出る必要はありません。時代は変わったのです。

呉　あなたの話は分かりやすいですね。学生に対しても誠実な態度で、正直な話をしています。私たちは政府を通じて抗議活動を行い、国連でそれを表明し、政治、経済、文化交流において何らかの措置を取ることができます。小旗を振る必要がどこにありますか。それに「日本製品」は現在、中国人の手によって作られています。それをボイコットすれば、中国人労働者が職を失ってしまうでしょう。ですから、このような抗議活動は時間や場所を間違え、七十年ほど遅れていると言わざるを得ません。

趙　中国人は歴史を鑑としなければなりません。当時、もし我々の力が強大であったなら、日本人は戦いを仕掛けようとしたでしょうか。どうして十四年（一九三一年―一九四五年）もの間、我々を攻撃し続けたのでしょうか。あるいは十四週間もあれば、彼らを退却させられたかもしれません。「落後就要挨打（後れを取ればやられてしまう）」、これは我々が歴史を鑑として学んだ結論の一つです。

呉　周総理と、ある外国大使との交流に関するエピソードを思い出します。一九六七年九月、中国とカンボジアとの間に誤解が生じ、シハヌーク国王がカンボジア駐中国大使館の撤退を決定しました。中国側はこれに慌て、外交部でアジア問題を主管する韓念竜副部長がカンボジア駐中国大使と緊急会談し、あれこれ慰留を試みましたが、効果はありませんでした。数日後、周総理が夜中の十二時に大使を呼び出しました。私はその日、熱がありましたが、その時間に合わせて人民大会堂へ駆けつけ、周総理の通訳を担当しました。総理は情に訴え、道理を説き、二時間ほど難しい説得を続け、それは大使が帰りの車に乗り込むまで続けられました。別れのとき、周総理の最後の言葉を、「あなたは中国を離れなくてよいのではないかと思います」と訳して伝えたら、大使は「そうだったらいいのですが」と答えました。数日後、シアヌーク大使はその後、すぐに国王へ電話して、周総理との会見の一部始終を報告したそうです。数日後、シアヌーク国王は民衆の前で、「私の友人である周恩来首相が、カンボジアと中国の友好関係を発展させるという政策に変わりはない、と言った。私は彼の言葉を信じる。大使館撤退は取りやめる」と話しました。周総理は外交工作で誠意をもって人を動かし、私たちに手本を見せてくれました。

趙 たとえ見知らぬ人が相手でも、誠意をもって交流すれば、友人になることができます。意見を交わすだけでなく、心と心の交流も可能です。例えば、アメリカの福音伝道師であるルイス・パラオ博士に初めて会ったとき、「聖書」や神についての見解を問われて、私は自分の考えを忌憚なく述べました。私は小さいころから唯物主義教育を受けたため、彼とは考え方が違うのも当然ですが、私が本心から述べたことで、彼も自分の思うところを率直に話し、さらに二回の対話の機会が設けられました。そして最終的に一冊の本、『江辺対話――一位無神論者和一位基督徒的友好交流（江辺対話――ある無神論者とキリスト教徒との友好的交流）』（趙啓正・ルイス・パラオ著、二〇〇六年、新世界出版社）にまとめられました。誠意がなければ、この本が完成することはありませんでした。

呉 誠意をもって交流することで、心が通じ合うことができた――無声が有声に勝る、ということですね。（拍手）

誠意をもって交流すれば、重大な変革も可能になる

王華（学生） 呉大使、あなたは一九九六年のジュネーブ人権大会に出席したとき、もともと中国を支持していなかった大使をどのように説得したのですか。趙主任、あなたは浦東地区再開発の際、旧邸宅の

保全に力を注いだと聞いていますが、どのように反対派を説得したのですか。お二人とも卓越した交流レベルを持ってらっしゃいますが、お二人の成功例の中には、きっと交流の英知が存在することと思います。これらの成功の秘訣をお聞かせ願えないでしょうか。

呉　ジュネーブ到着後、票集めに尽力する中で、アフリカの大使のもとを訪ねました。中国は大国ですが、私が自ら小国の大使館へ足を運んだことで、相手の心が動いたことを感じました。外交慣例上、中国のような大国の大使が、小国の大使館へ足を運ぶことは非常に珍しい。フランスやアメリカ、ロシアなどでは過去に例がなく、私が初めてではなかったかと思います。会談の際、彼からひとつ質問がありました。「呉大使、あなた方はどうして人権委員会の決議採択をそんなに気にされるのですか。人権委員会や国連では、毎年多くの決議が採択されますが、採択後はそれきりになってしまうではないですか」。彼の眼差しから、それが偽りのない言葉だと分かり、同時に中国が反中国決議の排除にこれほど力を入れる必要性を、まったく理解されてないと感じました。私はその時、彼の意識を変えなければ、一票を確保するのは難しいだろうと悟りました。単純に「中国にはあなたの一票が必要なのです。力を貸してください」と言っても、説得力がなく、信用してはもらえないでしょう。

そこで、私はこのように話しました。「人権は人類が共通して追い求めるものです。かつてアフリカの人々が、民族の独立と解放を求めて奮闘したのも人権のため、我々中国人が革命を起こし、独立と解放を勝ち取ったのも人権のためです。（彼は頷きました）しかし、西洋諸国の入植者はアフリカ大国を植民地化し、大勢の人を殺しました。黒人奴隷を売買し、数千万人を死に追いやりました。彼らが犯した行為はアフリカの人権を踏みにじるものです。同様に、中国が西洋諸国から侵略され抑圧されたとき、中国人の人権も著しく侵害されたのです。その当時、彼らは人権などという言葉を口に出しませんでした。（彼はまた頷きました）それなのに、彼らは今になって大げさに人権を振りかざします。彼らは本当に我々のことを気にかけているのでしょうか。そうでないことは明らかです。冷戦が終わり、人権は西洋諸国が発展途上国を苦しめる一つの手段になりました。言うことを聞かない奴は懲らしめてやれ。そうして次々と倒れていくなかで、中国だけが倒れませんでした。ある意味、中国は発展途上国の最後の砦なのです。もし中国まで倒れてしまえば、彼らはますます思い通りに振る舞うようになるでしょう」。アフリカ大使はここまで聞いて、「あなたの話はもっともです」と言ってくれました。その後、私たちは頻繁にやりとりをするようになりました。彼が中国に票を入れるだけでなく、支持を表明する発言をしてくれると聞いたとき、私はとても感動しました。

趙　私の話はかなり状況が異なりますが、同じように交流の力を示すプロセスがあります。業務上の難題を解決するのに、交流が効果的に働くことがよくありますが、私がこれから話すのは、浦東地区開発中の出来事です。

陸家嘴のトンネルを抜け、浦東地区に出ると、左側に約十ヘクタールの緑地が見えます。ここには三千五百世帯が暮らしていて、貧民窟のようになっていました。当時、上海の市街区域にはビルが建ち並び、緑地はまったくありませんでした。中華人民共和国が成立する前は、全面的な都市計画などなく、地価も非常に高騰していました。そこで、我々は緑地を、「都市の肺」を作ろうとしました。一九九三年に計画を立て、香港返還の前年より立ち退きを開始しました。そのころは建築費用も安く、立ち退きも比較的容易で、三千五百世帯に七億元支払いました。そのうちの一世帯が、清朝末期に対外貿易を行っていた祖先を持ち、清朝末期に設計され、民国初期に建設された家に住んでいました。壁のタイルはイギリスから輸入されたもので、ドア枠にはフランスの絵が彫られ、家屋の梁には三国志演義の人物像が刻まれていました。当初の計画では、そこは取り壊される予定でした。ちょうど建物の前の大通りがカーブする位置にあったため、通りを真っ直ぐにするには、どうしても壊す必要があったのです。

私は思いました。浦東地区の歴史遺産はとても少なく、何かシンボルを残す必要があるのではないか。ここは同地区でも代表的な民間住宅なので、そのままにしておこうと決めました。取り壊さなければ、大通りがカーブしてしまうという意見も出されましたが、それにも利点があって、真っ直ぐな道路では、左右両側にしか目がいかず、街並みが見られません。道路が曲がっていれば、街並みも見られるし、美しい。これは欠点ではないと主張しました。また、このあたりの地価は高いので、住宅を他の地域へ移築すればいいのでは、という意見もありました。私は、もし取り壊したら同じように建て直すことは不可能だと言いました。彼らが報告書を出して検討しているうちに、この遺跡は失われてしまいます。最後に私は、「これは決定です。もし私が急逝したら、これは遺言と思って下さい」と言いました。当時の私は浦東地区の書記であり主任であったので、こうして民間住宅を残すことができたのです。

後に、オーストラリア外務貿易省の副大臣が見学に来たとき、「摩天楼を建設するのは容易だが、遺跡を残すのは難しい」というメモを私に残しました。さらに、日本のＮＨＫが「浦東地区の建設」について撮影に来たとき、この民家の敷地に入り、老建築の軒先と高層ビル二棟の頂きを一つの画面に収めました。私はＮＨＫの記者に「『上下の差は五百メートル、時代の違いは百年』という解説はどうでしょう」と言いました。こうして、上海に若干の緑地を確保しましたが、それらはすべて立ち退き後にできたスペースです。皆さんご存知のように、上海の地価は中国でもっとも高く、立ち退き後に何も建築しないと市政府が決めるには、大きな決断が必要となります。他省の大手地方紙が掲載した評論の大見出しは、「上海人の心意気、七億元で緑地を購入」でした。実のところ、この金額にはそれだけの価値があり、ある土地を緑地に変えれば、周囲の地価が上昇し、さらに三千五百世帯の困難を解消することもできる、これを民生と言います。また、将来は地下を駐車場にして、収入を得ることもできるでしょう。遺産保護とGDP産出という矛盾を抱えたときは、金額を惜しむのではなく、生態学的価値を考えなければなりません。

私がこの話を持ち出したのは、何かを行う際はコミュニケーションが必要と言いたいからです。最終的には、民家を取り壊さないことに同意をもらいました。私は多くの道理を並べましたが、決め手になったのは、「これは私の遺言だ」という言葉です。「鳥のまさに死なんとするや、其の鳴くこと哀し。人のまさに死なんとするや、其の言うこと善し」(『論語・泰伯篇』)。遺言は人の心を動かすのですよ!(笑い)

善意の嘘の背後には誠意がある

マイヤ　先生方、こんにちは。私はスウェーデン出身で、上海戯劇学院監督学部の博士課程と、演技学部の修士課程にいます。私は「交流」というテーマをとても有意義で、興味深いものだと思っています。私は中国でとても楽しく過ごしています。誰もが私と交流しようとしてくれるからです。私が何か間違えたり、おかしなことを言ったりしても、辛抱強く聞いてくれ、私が外国人だからと許してくれます。

ですから、中国の人々がこれほどオープンに歓迎してくれることに感謝しています。スウェーデン、あるいはヨーロッパの多くの国々ではこんなに辛抱強くなく、仮に中国人の出した意見が適切でないように見えたなら、相手は快く思わないでしょう。ですから、私は中国が大好きです。先ほど中国人はコミュニケーションが上手でないとおっしゃいましたが、外国人の目から見ると、決してそんなことはなく、とても親切だと思います。

もう一つ、よくある質問かと思いますが、どんなときに本当の話をしたらいいのでしょうか。どんなときに礼儀が必要ですか。例えば、誰かに質問されて、その答えが分からなかったら、正直に言うべきでしょうか。それとも礼儀正しく、二言三言話してみるべきなのでしょうか。

呉　私の体験談から話しましょうか。私の両親はそれほど教育を受けていませんでしたが、母の教えには一つの原則がありました。それは、「いたずらや間違いは許せるが、嘘は絶対に許さない」というものでした。嘘をついたら叩かれました。小さいころは何か間違ったことをしても、なかなか本当のことを言えませんでしたが、嘘をついていることを母に知られたら叩かれるので、これは強く心に残っています。その後、外交部のスポークスマンになったときも、私はこの原則を守りました。言わないことはあっても、嘘はつくことはできません。外交部の指導者に報告すると、彼らも賛同してくれました。私が誰かに嘘をつくと、深刻な結果を招くことになるからです。外交部のスポークスマンが嘘をつけば、それは中国政府が嘘をついたことになります。それに、こうした嘘はすぐに暴かれ、中国政府の威信が地に落ちてしまいます。私はその後、全国政治協商会議のスポークスマンにもなりましたが、そのときもこの原則を堅持しました。

ですから、人と人との交流では基本的に本当の話をするべきで、それが不都合なら、少々遠回しな言い方をすることはあっても、相手を欺いてはいけないと思っています。嘘を言うことと、故意に人を騙すこととは別の問題で、善意から出る嘘は故意に人を騙したとは言えず、故意に人を騙す場合というのは一定の目的を達成するために嘘をつくのです。どんな年代であれ、誰かを騙そうとする人を、私は好ましいとは思いません。知ったかぶりをする必要はありません。中国で古くから言われている言葉に、「人に知られたくなければ、それをしないほかない」というのがあります。あなたに質問した相手は、今は分からなくても、数年後にその答えが分かるかもしれません。あなたが嘘をついたと知れば、相手はあなたと距離を置くかもしれず、その後であなたが本当のことを言ったとしても、おそらく信じてはもらえないでしょう。私は真実を告げることを主張していますので、官界であっても、あるいは個人的な付き合いであっても、いつも本当の話をします。とりわけ当今の情報化時代にあって、誰かを欺くことは不可能に近く、嘘を言ってもすぐに露呈するのですから、そうしないにこしたことはないでしょう。

趙　イギリスの社会学者がこの問題を研究し、どんな人でも毎日何らかの嘘をつく、という統計をとりました。状況を分析してみれば、その中には日々の潤滑油となり、人を傷つけないものもあるため、必ずしも咎める必要はない、と彼は考えました。

例えば、家族で食事に行こうとして、隣人に「どちらへ？」と聞かれ、「ええ、ちょっと散歩に」と答えるとします。「家族でレストランへ行くところです」とは言いたくないからでしょう。外食へ行くのに、相手を誘うわけでもないし、正直に言う必要はないと思うからです。これは個人のプライバシーであって、害のない嘘と言えるでしょう。こんな場合もあります。友人が重い病気になり、医者にしばらくは告知しないことを提案されたとします。心が弱い人は、自分が重病だと知ったら耐えられなくなることもあるからです。重病患者にとって、精神面の喜びと平穏は大変重要なもので、治療にも大きく寄与します。誠意をもって人に接するのは交流の原則であり、偽りや、人を傷つける嘘には決して賛成できません。

二 発言には根拠が必要で、批評は政治に留意しなければならない

趙 日常生活で、自分の発言がもとで誰かの機嫌を損ねることがありますが、これは自分で改める必要があります。ただ、自分の発言に間違ったところがなくても、誰かを怒らせてしまう場合もあり、これは如何ともしがたいものです。あらためて思うのは、多くの場合、私たちは毛主席の「発言する際は根拠が必要で、批評する際には政治に留意しなければならない」という名言を心に留める必要があるのではないでしょうか。重要な外交の場で、突然中国に不利な情勢になったときも、個人の得失を顧みず、瀬戸際に追い込まれてもたじろがず、それは一人の中国人としての責任感がそうさせるのだ――あなたの伝記の中にこのような記述があり、私は大変感心しました。

呉 中国の多くの外交官が優れた仕事をしていますよ。

趙 このような場合、まさに犠牲の精神が必要です。スポークスマンの養成講座で話したことがありますが、海外に向けて話をする時は、正しいことを言っても褒められませんが、間違ったことを話せば批判されます。だからと言って怖気づいていては、正しい見解を伝える機会を逃してしまいます。国家に

重きを置く、それが崇高なのです。

呉　確かにそうです。どうして中国の政府職員の中には、メディアの取材を避け、対外発信を避ける者がいるのでしょうか。原因はまさにここにあります。私個人の体験から言えば、物事を適切に行えば、国に対してだけではなく、双方の関係促進に大きな利益があり、自分も達成感を持つことができます。

常喜　先生方、こんにちは。私は上海戯劇学院司会学部の学部生で、九〇年代生まれです。私は番組の司会者と外交官には共通点が多いと感じています。例えば、この二つの職業はどちらも言葉によって影響力を発揮すると同時に、多くの場合、どちらも一定の言論制限を受けます。私は四川省の出身ですが、二〇〇八年の四川大地震の際は、被害状況に関する報道がたくさん発信されました。けれど、実際に四川に身を置けば、メディアが伝えない情報も知ることができ、その土地で起こった真実の状況をつかむことができます。そこで、私たちはどのようにすれば自縄自縛に陥ることなく、また一線を越えることなく仕事ができるのか、お聞きしたいと思います。

趙　言葉によって社会に影響を与える人は、一般の人が話すのとは立場が異なります。一般の人が話をするとき、影響を受けるのは周囲の友人や家族だけですが、非常に大勢の人が耳を傾ける立場となれば、その発言が社会に有益かどうかを慎重に考えなければなりません。

例えば、多くの国では、出版に関する法令の中で、残虐な画像を掲載しないよう規定しています。それは血なまぐさい場面を隠そうとしているのではなく、老人や女性、子どもを刺激しないようにということです。これは主に社会的影響を考慮しています。政府のスポークスマンは自然人ではなく、「責任者」もしくは「職務担当者」です。心の赴くままに話をしていいわけではありません。

呉 私もその意見に賛成です。ニュースを報道する際は、その社会的反響を考えなければなりません。一人の記者として、あなたには一定の社会的責任があります。世界中で報道される情報にはどれも一定のアングルがあり、事件全体を語りつくすのではなく、多くの場合、一部を切り取って大衆に伝えます。あなたが求める成果と、どのように報道するかという問題には、改善の余地があるのではないでしょうか。事件を伝える際は、聴衆に状況を理解させると同時に、どのような反応が生じるか、さらにその反応は同種の災害に対処する際にプラスになるか、大衆の積極性を呼び起こすことができるかどうかを考える必要があると思います。どんな大事件であっても、さまざまなアングルから眺めてみれば、まったく違う成果をもたらすでしょう。先ほど話にあった社会的責任感については、趙さんとまったく同じ意見です。

二 決して彼の方を見ないようにする

趙 交流を好まない人が、孔子の「君子は言に訥にして、行ないに敏ならんことを欲す」(『論語・里仁篇』)という言葉を曲解して覚えている、ということがあります。また、交流が不得手な人が、会話の際に相手を見ず、壁や別のところを見ているということがあります。これはおそらく、小さいころ、特に我々のような年代にとって、目上の人を正視できなかったことが原因でしょう。映画の中でも、「なんで俺の目を見ているんだ」と話す場面が出てきます。目は口ほどに物をいい、嘘をつくときは相手から目線をそらすものです。ただ、会話の際に相手の方を見ないのは、嘘をついているからではなく、恥ずかしいからです。ある外国メディアの関係者から、「中国人は、どうして話をするとき私の方を見ないのか」

と聞かれたことがあります。彼は、会話の時に目を合わせないのを、差別されているように感じたのです。

呉　そのような例は少なくありません。それで誰かの機嫌を損ねたとしても、どうしてそうなったのか分からないのです。学部生や大学院生が求職活動をする際に、普段は上手に話せる人でも、面接の場で相手の方を見られないということがあります。教師あるいは年長者の方が、学生や求職者のことを尊重し、彼らの不安を極力取り除いてやるべきです。

趙　初対面のときは、年長者や、職位が上の人間が話の糸口を探し、相手の気持ちを和らげ、話しやすい環境や心理状態を与えてやらなければなりません。世界的な名指揮者が引退の折、指揮者人生の中で会得したものは何かを問われました。彼は、「たまたま音を外した演奏者がいたとき、決して彼の方を見ないようにすることです」と答えました。その意味するところは、優れた演奏者なら自分のミスに気づくはずで、あえてそちらを見る必要はない、そんなことをしたら多大なプレッシャーを与えてしまう、ということです。なるほど、これこそハイレベルな指導力の表れでしょう。

呉　誰にでも自尊心があり、相手の自尊心を尊重することは交流に有利に働きます。人前で誰かを批判するときは、なおさら注意が必要です。そのようなときこそ、「無為にして治まる」という老子の思想が必要となります。無為というのは何もしないことや、頭を働かせないということではなく、余計なことをしないという意味です。誤りを正そうとした結果、思いもかけないマイナス効果が生まれることもあります。

趙　私の知っているある企業幹部は、英語が多少分かりますが、外国人と交渉するときは必ず通訳者の助けを借りていました。ただ、通訳が適切でない場合にその場で指摘するので、通訳者はひどく緊張するようになり、それにつれて間違いも多くなりました。こうしたときは、中国語でもう一度同じことを繰り返し、もう一度通訳をさせた方が良いのです。外国語由来の特殊な技術用語の場合は、そのまま中国語の中に挟み込んだほうが、通訳の理解に役立ちます。

呉　交流の過程で、どうしたら最適な効果を得ることができるでしょうか。私は『交流学講章』の中で「六つの秘訣」を挙げています。その中の一つ目が敬うことで、仲間を敬うこと、上司を敬うこと、少し難しいのですが部下を敬うこともその中に含まれます。先ほどの例については、私は身をもって体験しています。もしあなたが部長で、通訳のことを尊重しなかったら、彼はうろたえ、心が乱れ、交流の効果は望めないでしょう。私も通訳をしていましたが、通訳の場ではうっかりして話を聞き逃すことのないよう、精神を極度に集中しました。そうでないと、パフォーマンスが下がってしまうからです。ですから、相手を尊敬することは、交流の効果を高めることにもつながります。小さいことのように思えますが、人と人の交流ではとても重要なのです。

左小軍　先生方、こんにちは。私は上海戯劇学院の学生で、今年三年生になります。お伺いしたいのは、どのようにしたら拒絶してもお互いに感情を傷つけずにいられるかということです。例えば、誰かにパワーポイント資料の手伝いを頼まれ、そのようなことは自分でやるべきだと思っても、それを言い出せないときは、どう対処したらいいのでしょうか。

趙　断るときは婉曲に行うこともあれば、率直に告げることもあります。「宿題がまだ残っていて、忙しい」と言えば、相手は分かってくれるでしょう。何かを頼まれるのは、あなたが信頼されている証拠ですから、できることは手伝ってあげた方が気分もいいでしょうし、人を助ける喜びも味わえますよ。

呉　私も少し補足しましょう。なぜその人はあなたを頼ってくるのでしょうか。それはあなたの評判が良く、そのためにあなたにお願いしたいということですから、その評判は大切にしなければなりません。人助けが好きな人は、集団の中で掛け替えのない存在であり、どうしても断らなければならないときでも、慎重さを怠りません。一つ例を挙げてみましょう。私がフランス大使だったとき、通常は大企業のナンバーワンと対面しました。あるとき、ナンバーワンが急用で不在のため、ナンバーツーとの対面でいいかどうか聞かれました。通常ならば、大使はナンバーワンとしか会わないので、これを断ることもできましたが、私は承知しました。もし断れば、相手は気を悪くし、自分が低く見られたと思うでしょう。実際には、ナンバーワンでもナンバーツーでも話す内容に変わりはなく、このようなときに少々譲ったところで何も不都合はないのです。その後、このナンバーツーは事業を大いに発展させました。ですから、時には拒絶後の結果について慎重に考えなければなりません。相手の機嫌を損ねることは簡単ですが、友を得ることは難しいので、軽々しく人を傷つけてはいけません。

ただし、不合理な要求に対しては、先ほど趙啓正同志が言ったことに同意します。遠回しだが率直に断ったとしても、良い交流関係を損ねることはないでしょう。

四　話を聞きながら居眠りしてはいけない

趙　相手の話に耳を傾けられるというのは一種の人徳です。シェイクスピアは、「他人の話は善意を持って受け入れなさい、そうすればあなたはさらに賢くなる」と言いました（趙啓正『向世界説明中国（世界に向けて中国を説明する）』、三七四頁より再引用）

呉　人と人の関係では、交流範囲の大小に関わらず、相手の話を注意深く聞くことがとても重要です。話をするときは誰かに聞いてほしいと思うものですから、同じように、誰かがあなたに話をするときは、あなたがしっかり聞いているかどうかをとても気にします。謙虚さというのは、自分に足りないところがあるのを認め、他人の話の中から何かを学ぼうとすることです。私は外交に携わる中で、あまり成功しなかった例を見てきました。例えば、ある同僚はどんな場合でも同じような話しかせず、私は彼のことを「プラント輸出のようなものだ」と評しました。

趙　それは形式的な決まり文句のことを指しているのですか。

呉　そうです。彼らは言うべきことを言えば、自分の目的は達したと思っていて、相手が投げかける質問や、起こりうる反応については、一切聞こうとしないのです。相手がさらに続けようとしたら、とたんに「ああ、今日はここまでにしましょう」とストップをかけます。実際には、相手の話はまだ終わったわけではない、このようなことが会談や会見の場ではよく起こります。適当なところで打ち切るのも、時には必要ですが、時には良くない影響もあります。聞いたからといって何か不都合があるわけでもなく、あなたがきちんと話を聞いていると、相手に思わせればいいことなのです。目を閉じていても真面目に話を聞けると言う人もいますが、それは日本人には喜ばれる場合があっても、誤解を招くこともあります。

趙　私もそのような人に会ったことがあります。彼は聞いていないように見えて、実はしっかり聞いています。しかし時には、本当に居眠りをしているぞ、と思う時もありました。そこで私は笑い話をして、みんなを笑わせることで彼を起こしました。

呉　ただ、西洋人はどうして目を閉じて人の話を聞くことができるのか理解できないので、あなたがそのようにしたら、すぐに良くない影響が生じるでしょう。ですから、私は聞くことを次の三つの段階にまとめてみます。第一に、相手の話をよく聞くこと。第二に、きちんと聞いていると相手に思わせること。第三に、聞いたあとに何か質問をすること。そうすれば、相手はあなたがしっかり聞いていたと感じ、相手の関心を引き、もともと話すつもりではなかったかもしれない良い思想を、あなたに話してくれるかもしれません。これもまた一つの技量です。

趙　交流においては、聞くこともまた一つの方法です。本を読むときに、赤鉛筆を手に取り、大事な箇所に線を引くことがあります。聞くときも、頭の中に赤鉛筆を思い浮かべ、話の要点を抜き出し、二次的な事柄は省く、そうすることで相手の話のエッセンスを吸収することができます。あるいは、相手の重要な問題について何か反応する、この反応には賛成、反対、そして補足が含まれます。討論する際、相手の言うことを完全に無視して、事前に準備してきたことだけを話し、お互いの主張ばかり繰り返すことがありますが、これでは効果が薄いでしょう。交流会の席で、準備してきた内容を最初の発言者に言われてしまったら、同じ話を繰り返しても仕方ないので、あきらめざるを得ません。けれども、これはまた呼応の機会を得たことにもなります。先の発言者の言葉を、頭の中の赤鉛筆で記録しておけば、新たな啓発になり、あなたはさらに上手に話せることでしょう。ですから多くの場合、原稿だけに頼って相手の発言を無視するのではなく、ある程度呼応した方が良いのです。もちろん特殊な場合、例えば承認が必要な文書のような場合は除きますが。

呉　聞くことに対するあなたの理解は、さらに一つ上の段階に達しましたね。私はこのように思っています。その人の話す観点が優れていれば、すぐに興味が湧いてきます。その後、互いに呼応し、さらに質問を投げかければ、相手は非常に喜び、大いに話が弾んだように思えます。しかし、時には外国人が言うように、「耳の不自由な人と対話しているようだ」となる交流もあります。

趙　「話が合わない人とは半句でも多い」ということですね。

呉　私は、いい話を聞いたあとは頭の中で反芻したり、紙と鉛筆で記録したりします。あなたもマメな人ですから、いつも有用な事柄をカードに記録していますよね。

趙　頭ではそんなに覚えられませんからね。

呉　虚心とは決してそれらしく見せるものではありません。虚心とは客観的に認識されるもので、自分の知識に限りがあり、理解できないことがたくさんあるという事実、この事実を認識すると、絶えず他人から学びたいと思うようになります。

趙　さらに別の事例についてお話ししましょう。オーストラリアのポール・キーティング元首相が、一九九九年にマッコーリー銀行の証券部門責任者と訪中した際、私と会談しました。彼らは中国で不動産業務の展開を考えており、住宅債権市場の利点について長い時間かけて説明されました。この種の債権を発行すれば、資金を一年間に八回も回転できると言うのです。しかし、私にはまったく理解できず、あまり反応もできなくて、「言に慎む」状態でした。黄友義先生（中国翻訳家協会秘書長、国際翻訳家連盟副会長）が我々の談話記録を見て、「真面目に話を聞き、口出しを控える、これもまた客人の意見を上手に聞くオープンな態度です」と評しました。

呉　あなたが薦められた住宅債権は、金融派生商品の一種のようですが、アメリカのサブプライムローン危機は住宅債権などの金融派生商品をうまく処理できないことが原因でした。あなたの口数が少なかったのは、謙虚で、また慎重だったからで、孔子の教えにある「これを知るをこれを知ると為し、知らざるを知らざると為す、これ知るなり」にあたるでしょう。

趙　中学生のころ、父から言われたことで、自分本位の話ばかりする人がいるが、人前で他人の過ちをあげつらうのは必ずしも助けにならない、というのがありました。そして父は、大学内の出来事について話しました。ある冬の日、若い教師が手を袖口で覆ったまま氷上を歩き、すてんと転んで、前歯を一本折ってしまいました。彼は、「素早く反応したおかげで、何本も歯を折らずにすんだよ」とおどけました。すると、傍らにいた若い教師が、「本当に素早く反応していたら、前歯を折ることなんてなかったさ！」とからかったため、その場の雰囲気が悪くなってしまいました。このような場合には、ただ聞いておけばよかったのに、と父は言いました。

呉　それは人との付き合い方の重要な哲理を述べていますね。人は万能ではありません。付き合う中で相手に何か困った点があっても、その人の長所を探し、全面的に対応しなければなりません。他人の長所に学び、その人の短所については、必ずしも指摘する必要はないのです。かつて私たちは、「誰かを改造するのは、口で言うほど容易ではないよ！」とよく言ったものです。

趙　やはり自分で改めることが大切です。相手が子どもであっても、いつも間違いばかりを指摘して、さらには過酷な要求をすることがあれば、反抗心を持つかもしれず、とても教育とは言えません。

呉　もっともなことです。人と交流するときは対等の立場で接しなければいけません。見下されているような感じを与えたら、相手はきっと気分が良くないでしょう。

呉敏　皆さん、こんにちは。私は上海師範大学対外漢語学院応用言語学専攻の大学院生です。私には二つ質問があります。一つ目は、呉大使はかつてテレビの教育番組の中で、「人の心を動かすのは美辞麗句ではなく、人の誠意です」とおっしゃいました。私はこの観点に心から賛同します。でも、現在の社会では、人と人との間、とりわけ見知らぬ人同士の間に、一種の警戒心が存在します。例えば以前、バスに乗車してきた女性が何気なく携帯をポケットに入れたのを見て、私は「携帯に気をつけて」と親切心から声をかけました。そうしたら、彼女は妙な目つきで私を見て、「私の携帯を盗るつもりなのかしら」と言わんばかりでした。私はどのように彼女の警戒心を解き、短い間に自分の誠意を伝えればよかったのでしょうか。二つ目は、どのようにしたら最も簡潔な言葉で、最も深い思想を伝えられるのでしょうか。

呉　現代社会では、人と人との間の警戒心が非常に強い。インターネットや新聞でも、いろいろと良くないニュースが流れるので、誰もが人の心は恐ろしいと感じ、徐々にこのような空気が作り上げられました。そのため、誰かに疑われることもあるかもしれませんが、心配はいりません。お互いに接する時間が長くなれば、相手もあなたのことを理解してくれます。大多数の人は善良で、お互いに意思の疎通が可能なのです。最初に少しばかり挫折があっても気を落とさないでください。誠意は友好関係をさらに長く発展させることができます。

趙　思想が簡潔ならば、表現方法も簡潔になります。自分の頭でしっかり物事を考えずに発言したら、きっと話がくどくなるでしょう。良い表現者は、複雑な問題を簡潔な言葉で話します。複雑な言葉で表現してもいいのですが、簡単な問題を複雑な言葉で話してしまっては、内容が明確になりません。

思想は言葉を指揮します。ですが、言葉はあなたの思想の訓練に役立ちます。分かりやすく話せない事柄があったら、どうしてなのか自分に理由を問いかけ、機会があれば録音し、自分がどのように話しているか、どうして話がくどくなるのか、聞いてみるといいでしょう。もしかしたら、話す必要のないことを話し、言うべきことを忘れているのかもしれません。言葉の反復訓練は、あなたの思想の明確化を促します。これは一つの訓練の過程なのです。

呉　それについて、私も少し補足しましょう。ひとつ試してごらんなさい。あなたがあることを十分間説明しても、相手が理解できなかったとしたら、それはあなた自身がその思想をしっかり理解していないということです。私が大使だったとき、部下が報告に来て、十五分ほども話し続けた場合には、君はいったい何を伝えたいのか、三分間で簡潔に話すことはできないのかと問いかけました。三分間で話せないのなら、自分ではっきり分かっていないということです。私たちは時に長々と話すばかりで、実は問題の本質を把握していなかったということがあります。問題の本質を把握していれば、短く要約することができるはずです。

私は通訳をしていたため、他の人の書いたブリーフィングを見る機会がよくありました。三時間話した会議を、最終的に三つの文にまとめられたら、それは素晴らしいことです。ですから、あなたは考えることを怠らず、今日のこの対話を含め、自分がいったい何を学んだのかまとめることを習得してください。頭の中に赤鉛筆を思い浮かべ、要点を探し出すのです。それができなければ、頭の中が混乱し、ひどい状態になってしまいます。必ず三つか四つ、大事なことを探し出してみてください。

五　三人行けば、必ず我が師あり

趙　教室での授業は、教師と学生との一種の交流形式です。中国の教育改革は多くの成果を挙げましたが、「教室の革命」、つまり授業そのものの改革については、あまり進展がありません。中学や高校では教師が一方的に話し、学生はそれに従うだけです。大学に入り、あるいは大学院生になったとしても、教室内では教師が講義し、学生はそれを聞くばかりで、意見交換の場面が見られませんが、これには問題があります。北京大学に招聘されたアメリカのロジャー・エイムス教授は、「中国の教授は、学生に話をさせると疲れるとでも思っているのだろうか」と言いました。教室では、教師はアカデミックな方法や新しい見解で学生を啓発する一方、学生も自らの見解を述べ、時には教師と対立する見解を述べて意見を交わす、これが教室内の交流であり、創造的な思考を養う学習になるのです。

呉　あなたが指摘したのは中国での教育の弊害――詰め込み式教育のことですね。詰め込み式は、一定の状況下では有効ですが、度が過ぎれば頭に入らず、効果はありません。私は数年間、大学や大学院の学生、幹部に講義をしてきましたが、その経験から、教室を改革し、交流の機会をたくさん設けた方が、学生たちの印象に残ると主張するようになりました。

例えば、他国から研修に来た上級外交官に交流学の講義をする際には、彼らは各地を遍歴し、博識で経験も豊かなため、基本原理について講義をするだけでは彼らの記憶に残りません。一般的に、私は交流の原理について二十分間だけ話します。基本原理は非常に簡単ですが、千変万化に運用することができます。次に、彼らを前に出して練習させますが、上級外交官も台に上がると緊張するようで、演台に立つと、長所も短所もすべて露見してしまいます。話し終えたら、みんなから講評を聞き、最後に私がまとめ、質問にも答えます。このように、従来の「一人で講義し、学生は聞くだけ」という単方向モデルから、講義、練習、講評、質問という四部構成に変えました。このようにすると、単に教え込むよりも効果が高いのですが、それは交流が存在するからです。交流は問題に対する認識を深めてくれます。

趙　このような教育方法は、学生の創造性の発揮を促すと同時に、教師自身もレベルアップできます。ひたすら教え込むばかりでは、学生の記憶力は鍛えられるかもしれませんが、創造力を摘み取ってしまいます。既成の教科書で授業を行うのが、伝統的な小中高校の教学スタイル（現在は相互型教育も多く行われていますが）ですが、大学生や大学院生ともなれば、教授は固定教材だけでなく、長年の研究成果を学生に披露し、課題に対する新しい見解を共に練り上げていかなければなりません。「三人行けば、必ず我が師あり」（『論語・述而篇』）、交流を通じてお互いに学ぶべきことは必ずあり、教師もまた学生に学ぶ必要があります。

呉　交流の能力は決して生まれながらに備わっているものではなく、実践の中で徐々に磨かれていくものです。交流の様子は千変万化で、事前に計画を立てることは難しい。千変万化の長所はちょうど先ほど言われたように、創造性を生み出すことにあります。交流は毎回違った様相になり、まったく同じ状況が出現することはありません。このように、相互交流の過程を通じ、自分でも気づかなかった潜在能力が、交流環境の刺激を受けて沸き出ることもあり、これが往々にして交流のハイライトになります。

趙　南海大学や中国人民大学の博士課程の学生と交流した際、私とは違う考え方を提示されたり、私の観点の不備を指摘されたりしましたが、これは個人の思想の偏りをあらため、私の見解を万全にすることになります。交流しなければ、このような偏りを発見することは難しいでしょう。ですから、誰かに見てもらったり、それによって自分で反省したりするのは、互いに補足し合うことになり、必要不可欠で、得るものは決して少なくありません。

呉　交流は実際には問題に対する認識に関わるものです。人によって問題を見る角度は異なります。あなたがどんなに高い技量を持っていても、一定の限界があります。他の人と交流すれば、互いに見る角度が異なるため、相手が提示した問題について考えを巡らすことができ、このような交流は必然的に問題をさらに全面的に認識することにつながるでしょう。

趙　自分と異なる意見が出た場合は、とりわけ重視しなければなりません。聞いてもよく分からないところがあれば、その場で教わることが必要です。こうした中から自分の手抜かりを発見し、自分の思想レベルと知恵を向上することになるのです。彼らに感謝し、お礼を言わなければなりません。

呉　若いころ、陳毅同志が「高値で異なる意見を買い集める」と言われたことを思い出します。これはある種の境地です。同志は、言いたいことを存分に言うだけではなく、誰もが指導者に意見を言いやすい雰囲気を作らなければいけない、そうすれば指導者が問題をさらに熟慮することにつながると考えました。

曽琪　皆さん、こんにちは。私は復旦大学国際関係公共事務学院の三年生です。この機会をお借りして、三つの質問をしたいと思います。一つ目は、自分と観点が一致しない人と出会い、その人を理解することはできないけれども、自分の観点をはっきり示さなければいけないとき、どのように相手を納得させればいいのでしょうか。二つ目は、私は九〇年代生まれですが、私たち世代は電子メールやチャットに頼りがちです。直接顔を合わせれば相手の表情が見えますが、ネット上でのやりとりはそうではないと不満を言う友人がいます。絵文字などで感情を表したとしても、それが真実とは限りません。そこで、インターネットで交流する際にどんなことに注意すればよいのか知りたいと思っています。三つ目は、私は大学内の公の場で演説する機会が多いのですが、演説前は必ず頭の中で原稿を作り上げ、念入りに準備をします。でも、話しているうちに突然違う考えが頭に浮かんで、いつの間にか新しい内容を付け加えてしまい、あれほど適切にまとまっていた観点が途中であいまいになって、構想も分かりにくくなってしまったことに後から気づくのです。何か良い解決方法があれば、教えていただけないでしょうか。

趙　一つ目の質問に関しては、相手にあなたの考えを伝えられればいいのであって、納得させる必要はないと思います。もし相手もあなたを納得させることに固執したら、最後は気まずい思いで別れることになるでしょう。

国際交流では、なおさら外国人に見解の一致を求めることはできず、彼らの方もまた我々に同じ観点を望むことはできません。交流の中で幾らかの共通認識に達せられればそれで成功であって、すべて一致することは望めず、またその達成は不可能です。あるとき、日本の新聞社の社説主筆から、このように言われました。「靖国神社への参拝について、文化という面から我々を理解してはもらえないでしょうか。日本では、人が死ぬと神になると言われ、神に対して生前の是非を追及する必要はないと考えます。このように見れば、我々の間にある意見の衝突も少しは緩和されるのではないでしょうか」と。私は次のように答えました。「それを文化の問題と位置づけるならば、この問題における、中国人の文化観はどのようなものだと思いますか。杭州にある岳飛の墓の前には、『青山有幸埋忠骨、白鉄無辜鋳佞臣』という対句があります。人の死後は棺《かん》を蓋《おお》いて事定まる、これが中国の文化です。秦檜が死んだからといって、彼を許すわけではありません」。そしてまた続けました。「中国の文化は社会の進歩に役立つのではないかと思います。なぜなら、生前に良い行いをしておかないと、死後どのような評価をされるだろうかと考えるからです。日本では禅宗文化が大変流行しましたが、それは『屠殺用の刃物を捨てれば、その場で成仏する』と説きます。彼ら戦犯は刃物を捨てなかったので、成仏できなかったと言うことはできないでしょうか」。彼は、「ああ、中国人はそのように考えるのですね。分かりました」と言いましたが、決して同意したわけではなく、これを「幾らかの共通認識」というのです。彼が中国人の考え方を理解してくれれば、それで十分であり、私たちがどうして靖国神社のA級戦犯参拝に反発するのかを彼が理解できたということで、私はこの会話を終わりにしました。(拍手)

呉　インターネット上の交流と、直接顔を合わせる交流についてですが、私は顔を合わせる交流が一番大切と見ています。インターネット上の交流は非常にスピード感がありますが、相手の表情が見えないことが欠点です。その時の気持ちを符号で表現することはできますが、それはストレートなものではなく、手が加えられてしまいます。

私は演説の際、台に上がる前の最後の一分間まで準備をします。原稿ができあがっていても、慌ててそれを読むのではなく、まず会場の雰囲気を見て、前の発言者の内容を思い出し、内容を付け加えることができるかどうかを考えます。その場で出てきた考えを上手に取り入れられるのであれば、それは良いことです。それはその場の雰囲気があなたを動かしたということだからです。私は原稿を読み上げることに賛成しませんが、決して反対しているわけではありません。時には、例えば非常に厳粛な場合などは、原稿を読み上げるのもいいでしょう。しかし通常誰かと交流するとき、特に会議での発言で、原稿を棒読みするのは避けるべきです。なぜなら、原稿を読み始めると、表情がなくなり、すべての注意が原稿に集中してしまいますが、交流は目線、身振り手振り、特に顔の表情など、全方位的なものでなくてはならないからです。

あなたのコミュニケーション能力が、少しずつ花開いていくことを願っています。公の場での演説を終えるたびに、どこが良かったのか、どこに問題があったのか、思い返してみてください。最も大切なのは問題点を探し出し、次の機会に改善することで、そうすれば更に良くなります。ただし、発言する際の雰囲気や状況は毎回違うので、その場に応じて判断しなくてはいけません。例を挙げてみましょう。あるとき、私は北アフリカの会議に出席し、主催者から英語で話せばよい、出席者はみな英語が分かるから、と言われました。しかし、会場についてみると、司会者はフランス語で話しているのに、場内のほとんどの人はイヤホンをつけていませんでした。私はこれを見て、誰もが英語に精通しているとは限らないと思い、英語で準備していた原稿をその場でフランス語に改めました。昼食のとき、何人かの青年が駆け寄ってきて、「あなたのスピーチがみんなの話題になっています。あなたの話した中国事情はとてもおもしろかったです」と言われました。もし私が英語で話していたら、同じような結果にはならなかったでしょう。ですから、決して手を抜かず、最後の一分間まで頭を働かせ、なおかつ終わった後はしっかりと総括をするべきなのです。

二極管ではなく、導線にならなくてはいけない

李品　皆さん、こんにちは。私は復旦大学国際関係公共事務学院の学生で、思想政治教育を専攻しています。この場に立てて大変光栄ですが、実はとても緊張していて、この場を借りて公の場での演説能力を鍛えたいと思っています。私の質問は学生の役割についてです。

私は九〇年代生まれですが、私よりもさらに年下の後輩たちは、権威を畏れない意識が非常に強いと感じています。先輩として彼らに何か役割を与えるとき、私の情報が彼らに伝わったかどうか分からず、また、彼らの眼差しから私の情報がきちんと伝わったかどうか分からない、自分がやるべきことを彼らが理解しているかどうか確かめるすべがない、という風に感じるのです。そのため、私はいつも困惑します。学生会の主席として、私は何らかの交流方法で彼らの心を開き、下級生に考えを述べさせなければいけません。もう一つ、自分の下で働く後輩の主体性や積極性をどのように引き出したらいいのでしょうか。先生方のお答えをいただけると幸いです。

趙　あなたの質問は一つにまとめることができますね。あなたは学生幹部であり、いつも後輩たちを指導する立場にいて、あなたが話したことをきちんと理解してほしいと思っています。どのように彼らの理解度を確かめればいいのでしょうか。最も重要なのは相互に発言しやすい関係を築くことです。

あなたは指導する立場にいますが、ある場面においては、話をするより聞くことの方がより大切になります。彼らが何を言い、何を思うのか耳を傾けてごらんなさい。そうすれば方向性が定まります。もし彼らの話に耳を貸さず、ただひたすら自分が話し続けたら、あなたには彼らを理解することができません。自分の意図が伝わっているかどうか分からないということですが、話をしている最中に対話をはさみ、彼らの眼差しを注意深く観察するといいでしょう。私の母は大学教授ですが、演説では話の中に適切な間を取らなければいけないと教えてくれました。何のために間を取るのかと聞くと、「周りをさっと見渡して、聞き手の表情を確かめれば、ちゃんと分かっているか、関心を持ってくれているか、感じとることができるからよ」と言われました。話をすることと、文章を書くことは違います。文章を書くときは簡潔に、重複を避けることが大切ですが、話をするときは同じ内容を繰り返し、相手にもう一度聞いてもらうことも必要になります。ですから、彼らの眼差しに注意しなければならず、そうでないと彼らとの距離がどんどん離れ、彼らの頭に話の内容が入らなくなり、時間とエネルギーの浪費に終わるでしょう。

イスラエルのペレス大統領と会談したことがありますが、その冒頭で私は、「あなたがテレビ局の取材を受けている姿を見ましたが、あなたは『年をとっているのは罪ではない』とおっしゃってましたね」と切り出しました。彼は、「確かに言いました。年配の人は成熟して、知恵があります」と答えました。話の糸口が見つかり、プラグとコンセントがぴったり合うように、二人のケーブルがつながりました。このときの対話で、私たち二人はそれほど政治的な話をせず、知恵と聡明さの関係について話し合い、同席の人たちはみな収穫が大きかったと口を揃えました。ですから、耳を傾けることを学ぶのも一種の知恵です。よく聞くことは、話をすることの基礎になります。コミュニケーションは双方向で行うもので、決して一方通行になってはいけません。二極管の流れは一方通行ですから、導線にならなくては、双方向のコミュニケーションにはなりませんね。（笑い）外国人との交流では、事前に相手の背景を調べ、どのような家庭に育ち、専門は何か、最近中国についてどんな話をしたか、話の糸口を探しておくことが必要です。

呉 学生幹部の皆さんは、少し謙虚になった方がいいですね。あなたが話したら、他の人はすぐにあなたに従わなければいけないのでしょうか。そんなに簡単なことではありません。職務を果たす中でどれほど信頼されるかは、あなたが話す内容に道理があるか、あなた自身の行動はどうかに左右されます。もし言動が一致し、誰かを誠心誠意助ける人であれば、あなたには相応の信望があるはずです。あなたの発言を理解し、あなたの意見に賛成してこそ、他の人は行動に移します。趙さんの話した内容は非常に重要です。他の人が自分を全面的に支持してくれることを求めてはいけません。中国社会は多様化しており、あなたの一声で誰もが「万歳」と叫ぶような時代は過去の遺物となりました。思想の力を追求することです。思想には力があり、それこそが長期にわたって役割を発揮できるものなのです。

六　三十歳のときに、四十歳の知恵を持つ

趙 重要な問題を討論する際、効果的で実りの多い交流にするには、お互いが同じ基盤を持たなくてはなりません。第一に、交流においてキーワードとなる概念が明確に一致しているかどうかで、仮に概念が曖昧であったり一致していなかったりした場合、交流すればするほど、わけが分からなくなってしま

います。第二に、充分な知識の備えがあることですが、両者の知識背景や経験に違いがある場合、かえって万事が上手く回る最良の状態になりやすいことがあります。第三に、自分の考えを比較的簡単な言葉で表現することです。

一般に、これらは真摯に実践すれば可能なものばかりです。しかし、往々にして豊富な経験があってこそ、知恵を蓄えられるので、これには時間がかかります。私はかつて復旦大学の学生にこんな話をしました。「もし三十歳のときに四十歳の知恵を持つことができたら、あなたには成功する見込みがあります。三十歳のときに二十歳の知恵しかなかったら、おそらく失敗するでしょう。多くの人は三十歳のときに三十歳の知恵を持ちますが、それでは、どうしたら三十歳のときに四十歳の知恵を持てるのでしょうか。次の二つの方法があります。一つは誰もが認める名作を読むことで、もう一つは年配の有識者と親しくなり、互いに刺激を受けることです。少ない時間でも、彼らの経験を吸収することができ（当然のことながら相手も若者の情熱や新しい知識を吸収し）、これこそ『忘年の交わり』の利点と言えるでしょう」。それと、もう一つ忘れてはならないのは、頭の中ですぐれた学問や学説を追いかけ、先達の知恵に学ぶ以外に、自分の脳みそを動かすことで、頭は常に使ってこそ、自分の知恵を作り上げることができます。

呉　知恵が生まれるのは偶然ではなく、絶え間ない積み重ねのプロセスです。例えば、あることを自分で経験した後、他の人がそれを行うのを見れば、どうすれば成功して、どうすれば失敗するのか理解でき、両者を比較することで、人より抜きんでた見識を得ることができます。当然、そうしようと思って簡単にできるわけではなく、問題に対する認識が人より強いかどうか、考え出した対策が人より優れているかどうかによります。誰もがその境地を目指しますが、すべての人が到達できるわけではありません。ある科学者と話したとき、彼は、「人の知恵は不平等だ」と言いました。誰もが同じように聡明なのでしょうか。必ずしもそうとは限りません。創造するのはいつも限られた人です。なぜなら彼らの知恵は、ある領域で一般の人を凌駕しているからです。それは偶然ではなく、多くの困難を乗り越え、絶えず探索し、最後にやっと成果を得られるのです。知恵は自分が聡明であると勝手に思い込むものではありません。

趙 聡明さというのは、謎かけをすばやく解いたり、幾何学の問題に正解したりするなど、ある問題に対する迅速な反応と解答で表されますが、知恵は往々にして総合的で、まだ発生してない未知の出来事に対する予測です。知恵はまた、現象の背後にある原因や哲理を掘り起こす能力で表されます。交流においては、双方の知恵がそれぞれ交換されます。広範な交流は、他人の知恵を幅広く吸収することができ、いわゆる「朱に近づけば赤くなり、墨に近づけば黒くなる」で、ここでは「智者に近づけば賢くなる」と解釈できるでしょう。観点が似通った人とばかり交流していたら、自分の影と対話するのと同じことで、耳にするのもこだまばかりです。専門や経験、年齢の異なる人と交流すれば、自分と似通った人と交流することに比べ、より多くの収穫を得られます。

呉 これは生物学でいうところの雑種強勢であり、文化も交雑を必要とします。啓蒙運動は十七、十八世紀にフランスの貴婦人のサロンから誕生しましたが、この現象は非常に研究の価値があります。貴婦人方は客人にコーヒーをすすめ、美食を楽しみ、優雅な雰囲気で、ゆったりと過ごし、そこに集う人たちはみな平等でした。さまざまな分野の人が、さまざまな思想を交流し、これによって非常に優れた思想を生み出すことにつながりました。フランスの啓蒙運動における偉大な思想家は、すべてサロンで活躍した人たちです。ドイツのフリードリヒ二世のような、当時進歩的だった君主は、ヴォルテールを呼んで話を聞くなど、各種各様の見方を知りたいと望みました。

趙　確かあなたは、外交学院で院長をしていたとき、さまざまな分野で成果をあげた人に講義をしてもらうという、重要な取り組みをしましたよね。一見外交とはあまり関わりがないようですが、よく考えると、いずれも外交と関係がある分野で、さらにあなたは質疑応答の時間をたっぷりとってもらうよう講演者に依頼しました。私のやり方はあなたの思想から生み出されたものなのですよ。

呉　ありがとうございます。外交は世界中の精鋭たちと付き合うことになるので、学生にはキャンパス内にいながら世界中の、もちろん中国も含めた世界中の精鋭たちと接触し、彼らの話を聞くだけではなく、質問することで彼らと交流してほしいと思いました。二〇〇三年には、ノーベル賞受賞者で、著名な物理学者のサミュエル・ティン教授に「外交学院フォーラム」で講演をお願いし、彼の研究テーマである宇宙中の反物質探求について話してもらいました。これは非常に複雑な課題ですが、教授はたいへん分かりやすく話してくれました。後から、どうやったらそうできるのか尋ねてみたら、彼は「真理というのは簡単なものです」と答えました。

趙　外国語ができれば、外交もできるかのように思う人がいますが、これは大きな誤解です。外交家は正確な政治的立場が必要とされるほか、国内外の幅広い知識の蓄えが必要になります。在学中に基本的な準備をしておけば、十年、二十年の努力によって、外交家として成功することができるでしょう。

呉　先ほどの聡明さと知恵の解釈は興味深かったです。外交では多くのことが上辺の浅知恵ではなく、本物の知恵、つまり問題に対する総合的配慮を必要とします。

趙 聡明さはなくてはならないものですが、知恵が少なくても駄目で、多ければ多いほど良いのです。外交だけでなく、どんな職業にも当てはまります。

呉 かつては、外交というのは知恵比べであり、相手に打ち勝つには策略が必要と言われていました。現在では、時代の変化に伴い、外交に含まれる意味も幅広くなっています。

趙 時代が国際関係を複雑にしました。国と国の関係は敵か味方か、こちらかあちらかというような簡単なものではなく、中国が外交において追い求める、数々の要素を調和させる難しさも増しています。

呉 外交では常に何らかの方法を模索し、両立しない双方の矛盾を解消しなければなりませんが、これは大きな知恵に頼らなくてはいけません。鄧小平同志は「一国二制度」によって香港やマカオの返還問題を解決しましたが、これが大きな知恵というもので、将来台湾問題を解決するのも、やはり大きな知恵に頼らなければなりません。潜在的な矛盾と衝突を解消するのは、浅知恵ではできないことです。

趙 交流の過程は表現する過程というだけではなく、思考の一種の訓練でもあり、思考のロジック性を高めることができます。よくある日常的な交流にも豊富な感情が内包されていて、友人同士の交流や、身内の間の交流も同様です。感情は人生に必須のものなので、交流もまた、人生の必需品ということになります。

呉 ある年配の知人は、もともと非常に聡明で、反応も速い人でした。しかし、その後彼と再会すると、彼の反応が遅くなり、なかなか言葉が出てこないことに気づきました。原因は退職後、家に引きこもりがちになり、人との交流が少なくなったことです。アメリカのニクソン元大統領の友人であり、彼が師と仰ぐエルマー・ボブスト氏は、九十歳になっても記憶力が衰えませんでした。そこでニクソン氏が、「どうしてそんなに記憶力がいいのですか」と尋ねたところ、彼は「I punish my memory」（私は自分の記憶力を罰しています）と答えたそうです。つまり記憶力に負荷をかけ、絶えず鍛えているということです。昨日はどんなことがあったか、自分で思い出そうと努力し、昨日の出来事を再現して話す、そうすることで記憶力が鍛えられます。老年痴呆症は、もちろん生理的、遺伝子的な要因がありますが、もう一つの要因を見落としてはいけません。脳を鍛えなければ、その働きは徐々に鈍くなってしまいます。

趙　人は体を鍛えるだけではなく、自分の思考能力も鍛えなければなりません。思考を鍛える方法は、本や新聞を読むことや、人との交流にほかならず、さらに折につけ自分が最近会得したものをまとめ、時にはそれを書き出すことです。書き出すことで、思想はさらに精密で正確なものとなっていく場合が多いのです。

呉　二〇〇八年十一月、イタリアで「世界政治フォーラム」に出席した際、フランスの元駐国連大使であるステファン・エセル氏に会いました。彼は当時九十一歳になっていました。一九四八年に「人権宣言」を採択したとき、彼はその場にいて、当時の国連人権事務担当副秘書長の補佐官を務めていました。現在も彼は自分で原稿を作っており、私と話した時も、彼の答えは的確なものでした。私は彼の健康と長寿の秘訣について尋ねました。彼は、「思考を停止しないことです」と答えました。引退しても、多くの人が彼を訪ねてきて、それを拒絶しないため、さまざまなことに引き続き関わることになり、そうすることで彼の思考は絶えず深まっているのです。人の大脳の潜在力は非常に大きなものですが、もし自分で考えることを止め、積極的な交流をせず、新しい発見をしなくなったら、急速に老化してしまうのです。

趙　私は長い間、二人の識者から教えを受けていました。一人は汪道涵先生、もう一人は王元化先生です。彼らは絶えず書物を読み、思考し、いつも忙しく頭を回転させていました。二人とも長寿で、亡くなる直前まで明晰な思考能力を維持していました。常に若い人と交流することが、活発な思考を保つ秘訣の一つであることは明らかでしょう。

呉　エセル氏はさらに秀でたところがあって、英語とフランス語でシェイクスピアの詩を暗唱することができ、どのフレーズも非常にはっきりと覚えていました。彼は暗唱しながら、「この詩はなんて美しいのだろう！」と私に言いました。まったく感服させられます。中国人が古体詩を暗唱するのも同じような利点があると思います。

趙　海外の首脳は論争するが、中国の指導者は記者の質問に答える、と聞きます。私も例にもれず、聞きながら頭の中で考え、もし自分ならどのように答えるかを考えています。

呉　知識を積み重ね、経験を増やし、意識的に実践することが、コミュニケーション能力を高める道筋になります。

王源　先生方、こんにちは。私は上海外貿学院財経新聞専攻の学生で、一九九二年生まれです。私の質問はどのように自分を表現するかということで、一般に、私たちは自分を褒めることより他人を褒めることの方が大切だと思っています。例えば働いているとき、私はどちらかというと黙々と口を開かずに行い、そのほうが良いと思っていますが、自分のことを話さずにいると、他の人に注目してもらえません。どのようなときに自分を表現すればいいのでしょうか。どのように表現するのがより適切なのでしょうか。何かノウハウのようなものはあるのでしょうか。

趙　学校の、一つのクラスの中で、大勢の印象に残りやすいのはどんな人でしょうか。活発だったり、成績が特に優れていたり、あるいはグループ討議の際の発言が秀でているなど、必ず何らかの特徴があります。集団の中で終始一言も発せず、目立たずに過ごしていたら、卒業後はすぐに忘れられてしまうでしょう。ですから、表現することはとても大切で、その勇気を持つ必要があります。

表現することを好まない学生もいますが、もしかしたら両親から「口数が多いと失言する」と言われてきたのかもしれません。孔子も「君子は言《げん》に訥《とつ》にして、行《こう》に敏ならんことを欲す」と言っています。口数が多いことを欠点と見なすようでは、私たちの表現を妨げます。自分の表現能力に自信がなく、人に笑われるのを恐れる人もいますが、実際のところ、他人の見方を過度に気にする必要はなく、おそらくは会場の嘲笑や批判があるからこそ、次回はより上手に話せるようになるのです。話すことに集中してください。他の人の視線を気にする必要はありません。気にしたら、あなたの心は乱れてしまうでしょう。

表現することが上手になり、表現する勇気を持つには、訓練が必要です。最初から上手に話せる人などおらず、誰もがプロセスを必要とします。今日の座談会以降、皆さんが表現する努力をしてくださることを願っています。

呉　いくつか補足させてください。先ほどの学生は何かノウハウがあるかと聞きましたが、実際のところ、コミュニケーション能力というのはいくつかの技巧に頼るものではなく、一種の修練であり、少しずつ実践を積んでいくものです。趙啓正氏は政治協商会議のスポークスマンとして、六百名以上の国内外の記者に一人で対峙しますが、彼はいつも落ち着いています。これは修練によって成し得るものです。私は一九六五年九月より外交部の仕事を始め、海外で四年間働いたあと外交部翻訳室に入り、国家指導者の通訳を行いました。当時は周恩来総理の通訳を担当しましたが、総理は英語が堪能で、フランス語も少し聞き取れるため、総理の通訳を行うときはいつも緊張しました。総理の通訳を務めて間もないころ、先輩から「周りの眼を気にしないこと」、つまり通訳する際は余計なことを考えず、雑念を排し、全神経を集中させせなければいけないと教えられました。同僚の中には周総理の通訳を行う際、足が震えだす者もいました。総理は、「君はどうしてそんなに緊張しているのかね。別の人に変わってもらいなさい」と言われました。そんなに緊張していたら、神経を集中することなどできません。成功すれば、確かに喜びに値します。しかし失敗を恐れる必要はなく、失敗の中から多くのことを学び、自分の助けとすればいいのです。観察することを覚え、例えば趙啓正は上手に話した、呉建民は今一つだったが、二人の差はどこにあるのかと考えるのです。人の失敗から、何らかの栄養を得ることができます。間接的な経験も非常に重要なのです。

第三章
ここから、交流を学ぶ

かつてアメリカの作家であるマーク・トウェインは、「友人と愉快に交流するたびに、二、三カ月寿命が延びる」と言った。素晴らしい交流の本質は誠意と善良であり、それによる相互理解と友情が人と社会の健康に自然と役立つ。それにはお互いに言うべきことを言い合い、率直で分かりやすく、かつ新鮮さと面白みがある話をし、まず自分の心を揺さぶり、そして相手の心も動かさなければならない……

一　初めての演説

趙　大学生のとき、あなたは学生幹部でしたか。私はクラス代表までしかなれませんでしたが。

呉　私は共産主義青年団の支部宣伝委員でした。

趙　それなら大幹部ですね。私は二教科のクラス代表で、一つは核物理電子学でした。

呉　核物理電子学ですか。難しそうですね。

趙　核物理実験に関連する電子学で、ソ連に留学経験のある先生が教えていましたが、話すのがとても上手でした。もう一つはドイツ語クラスで、当時はドイツ語がまあまあできましたが、残念ながらその後は使う機会がなく、すっかり遠ざかってしまいました。

呉　あなたの知識や能力は、一定レベルにまで達しています。それが自信につながったり、コミュニケーション能力が強化されたりしたのはいつごろですか。

趙　ある日突然、自分のコミュニケーション能力が強化されたというわけではなく、多くの交流を通じ、自分の気持ちや要望をはっきり伝えられるようになり、相手の理解や反応が楽しいと思えるようになりました。いつのまにか一種の適応力が生まれたと言えるでしょう。働きはじめたばかりのときも、偉い人の前で萎縮することはありませんでした。しかし、最初に大勢の聴衆の前で、台上で話をしたときは、いささか緊張しました。

呉　人は少しずつ成長するものです。私も最初はそうでした。中学一年生になったばかりのころ、クラスの話し合いで発言する機会があったのですが、口を開いたとたん顔が赤くなり、しどろもどろになってしまいました。その後、他の人が話すのを見て学び、徐々に慣れていきました。あなたが初めて演壇に立って話をしたのはどんな状況でしたか。

趙　私が初めて演壇に立った状況は非常にドラマチックです。一九六五年に、私たちの核プロジェクトで計器が必要になり、国内外ともに購入が難しかったため、遼寧省営口市の小さな電子計器工場に試作を頼み、私が研究設計院を代表してチェックを行いました。工場の模範労働者で、非常に評判が良かった人に、設計院に来て報告をしてもらいました。司会者は私が用意した紹介文を読み上げたあと、さらに、「では、趙啓正同志にあらためて紹介してもらいましょう」と言ったのです。それを聞いて、私は本当に驚きました。まったく準備をしていなかったため、頭の中は真っ白でしたし、会場内にいる千人余りは、その多くが私の先輩にあたりました。

呉　まさに即興で話をすることになったのですね。まったく準備する時間がないなんて。そのときあなたはお幾つでしたか。

趙　私は二十五歳で、仕事を始めて二年ほどでした。台の上に立って、何を話せと言うのでしょうか。私は同じ研究室の同僚も意表を突かれ、これは面白いと思ったのか、ワッと拍手が沸き起こりました。私は思い切って話しはじめ、私たちが共に技術的難関を克服した話をいくつかしたあと、お辞儀をして台を下りました。会場からは盛大な拍手が送られ、後によく話せていたと、表彰までされました。それ以降、急に話をしなければならなくなったときは、いつも自分に暗示をかけるようにしています。少しも準備ができなかった状況でやりとげられたのだから、数分の準備時間をもらえれば、話せないわけがない、という具合です。

呉　あなたの話は要点をよく説明しています。どんなことかというと、第一に理解力が重要で、理解力とは物語のポイントをしっかり抑えているかどうかということです。このような場面では、再度言葉を編集しても間に合わず、大仰な台詞も言えないかもしれませんが、内容には力があり、ともかくあなたがよく知っている事柄を話すことができます。やむを得ず前に出されたのだとしても、これがあなたの話が成功した一つの要因です。第二に、現在は無味乾燥な話が多過ぎます。話の骨組みばかりで、血肉がない。原則ばかりで、ストーリーがなく、生き生きとしていない。人の心を動かすのは具体例です。交流する際は、誰もが聞いてすぐ分かる例を出すと、成功しやすいものです。

趙　あなたが最初に演説したときの様子はどうでしたか。

呉　あなたと違い、最初の演説は偶然ではなく、自分で設定したもので、しかも私は四十七歳でしたから、あなたのケースを二十二歳も上回っていました。一九八五年、私は二度目の国連代表団の任務につき、参事官となりました。私は自分に三つの目標を課しました。第一に英語で演説ができるようになること、第二に経済に詳しくなること、第三に車の運転を覚えることです。一九八六年春、アメリカのNGOが人口問題に関する討論会を準備し、アメリカのトップ層の多くが会議に出席することになりました。会議では五人のメインスピーカーが予定されていましたが、中国は世界一の人口大国であるにも関わらず、一枠しか用意されませんでした。最初は私が担当する予定ではなかったのですが、他の参事官は誰も行きたがりませんでした。確かに、中国の人口問題は比較的規模が大きく、解説するのが難しい。最終的に私に打診が来て、私は人口学の専門家ではないけれども、中国における人口問題は一大問題だと考え、受けることにしました。なぜなら、中国の人口圧力はアメリカ人には実感できないものです。

私と妻、子どもは十平米の部屋で暮らしていて、住み始めてからすでに十四年になります。中国の人口問題を語るのに、私よりふさわしい人はいないでしょう。（拍手）

趙　中国語で話したのですか、それとも英語ですか。

呉　最初から英語で念入りに原稿を作成し、それから妻に手を加えてもらいました。その結果、二百名以上の聴衆を前に、他の四人はただ原稿を読み上げただけでしたが、私は原稿を読まず、しかも英語で話しました。中国の人口の現状や計画出産政策の効果と影響等、どれも例を挙げて、生き生きと話したため、現場の反応も良好でした。普段は寝つきがよい私も、その夜は興奮して一睡もできませんでした。人前での初めての演説が成功したのだと、誰かに言われるまでもなく、会場全体の雰囲気から感じ取れました。それ以降、私にこのような意識が芽生えました。話をするときは原稿を読まず、例を挙げ、自分らしさを出すことが大切である。これは世界民主青年連盟（注6）と国連で働き、国際交流に参加する中で学んだことです。

趙　あなたは最初の演説から、素晴らしいスタートを切ったのですね。ここには交流のポイントがいくつか含まれています。第一に、原則性は必ず表現しなければならないこと。第二に、自らの例は、自分が最も詳しい話題であり、それを引き合いに出せば、最も真に迫る、生き生きとした話をしやすいといと言える。

6　世界民主青年連盟　一九四五年に、ソ連と資本主義国家内の共産党および進歩政党が指導する青年団体として設立された。アジア・アフリカ・ラテンアメリカ地域の民族主義の進歩的な青年組織を柱とする国際組織で、国連の若者版うこと。第三に、何の準備もせずに臨むのではなく、事前に努力をすること、そして平素から蓄積を行うことです。

呉　平素の蓄積がどれほど豊富だとしても、演説する際は複雑な内容を簡単な表現で伝えなければなりません。頭の中に順序良くおさめられていなければ、それもまた思考を停滞させてしまうでしょう。

鄭平　先生方、こんにちは。私は交流において機知に富み、多くの問題に直面しても落ち着いて対処できる人たちを尊敬してきました。有名な話ですが、アメリカ人記者が私たちの敬愛する周恩来総理に向かって、中国の首脳である貴方が、どうしてアメリカ製のパーカーの万年筆を使っているのかと尋ねました。周総理は、この万年筆には長い歴史があり、朝鮮戦争の際に、朝鮮の人々が私にくれた戦利品なのだと答えました。これを聞いて、アメリカ人記者は黙り込んでしまいました。これは非常に機知に富んだ回答です。私たちはどうやって、普段の会話の中で機知やユーモアを具体的に表現できるのでしょうか。お二人のご意見を伺ってみたいと思っています。

呉　今の周恩来総理に関するエピソードは初めて聞きました。おそらく誰かが大げさに話したのでしょう。アメリカ製の万年筆を使ったからどうだというのでしょう。抗日戦争で、アメリカが中国を支援し、大量の物資を送ってくれたことについては、誰もが知っています。どうして周恩来総理の回答が絶妙だと思われたのでしょうか。かつて、私たちは階級闘争を要とし、敵と味方をはっきり分け、アメリカ人に対しても頭を下げませんでした。万年筆が戦利品だと表明することで、立場をはっきりさせたのではないでしょうか。しかし、そんな時代は過ぎ去りました。現在の中国人の能力とは何でしょうか。国によってそれぞれの利益があり、双方の利益が合致するところを探して共同の利益へと発展させ、双方にとってプラスになる関係を実現すること、それが能力です。共贏（ウィン・ウィン）というのは国際関係に新しく生まれた概念ですが、指導者が最初に「共贏」という言葉を使ったのはいつでしょうか。この中で、誰か分かる人はいますか。

鄭平　一九五五年のアジア・アフリカ会議でしょうか。

呉　いいえ、そこで言われたのは「求同存異」（共通点を求めて相異点を保留する）です。中国の指導者が初めて「共贏」という言葉を使ったのは、一九九九年十一月十五日、中米両国が中国のＷＴＯ加盟に関する二国間協議に合意したときのことです。ＷＴＯ加盟は当時、江沢民同志を中心とする中央指導グループが下した重大決定で、この決定は中国の発展に極めて重要でした。その日、江沢民主席は非常に喜び、両国の交渉担当と会談しました。江沢民主席は、「これは共贏の協議だ」と言いました。これ以前にこの言葉はありませんでした。それはどうしてでしょうか。時代が違うからです。世界は戦争と暴力の時代から、平和と発展を主題とする時代へと移りました。これは国際関係における最大の変化です。戦場で「共贏」の関係を築けるでしょうか。戦場は生きるか死ぬかの場所です。革命はどうでしょうか。革命は一つの階級が別の階級を打倒する暴力行為です。両者とも「共贏」の関係には成りえません。時代が変わり、平和と発展を主題とする時代になったからこそ生まれた概念なのです。

現在、中国国内を含む多くの新聞は、世界の国際関係に対して、いまだに戦争と革命の時代に停滞した見方をしています。今のこの時代に、誰かが戦争の旗印を掲げても、すぐに衰微してしまうことを知らないのです。アメリカをごらんなさい。アフガニスタンとイラク、二つの戦争に加担した結果はどうですか。皆さんご存知の通りです。ですから、中国人はこの点を深く理解しなければならないと思っています。

趙　本当か嘘かは分かりませんが、周総理の話は、実のところ一種のユーモアです。ユーモアを定義することは難しいのですが、その効用と表現に関しては、多くのことを言うことができます。ユーモアは一種の能力の表れであり、一種の人生態度であり、生活の潤滑剤、あるいは我々の自動車を支えるサスペンションのようなものと言えるでしょう。しかし、これらはユーモアを描写しただけであって、定義ではありません。私たちは生活の中でユーモアを非常に必要としており、それは確かに知恵の表れで、ある場面において事前に設定すればよいものではなく、一つの context、つまり「文脈」が必要となってきます。ユーモアは非常に翻訳しづらく、翻訳すると往々にしてユーモアでなくなってしまう、あるいはそうでない話が、翻訳したらユーモアになってしまうことがあります。

二十年前、私はキッシンジャー博士とユーモアに関する対話をしました。私は言いました。「キッシンジャー博士、あなたは十四歳のときにドイツからアメリカに渡り、それ以来ずっとアメリカで生活しています。ドイツ、アメリカ、イギリスの三カ国のユーモアの違いを教えていただけませんか」。博士は反対に、「あなたの方がよくご存じのようですね。どうぞおっしゃってください」と言いました。これもユーモアのある言い方ではないでしょうか。そこで私は答えました。「イギリスのユーモアは葡萄酒で、飲んでから二十分ないし三十分たっても余韻が残ります。アメリカのユーモアはコーラのようで、どこでも手に入りますが、飲んだらすぐに忘れてしまいます。ドイツのユーモアはウイスキーのようで、誰もが味わえるものではなく、自分ではユーモアと思っても、他の人は理解できないことがあります。

しかし上質なものなら、一時間たっても一時間半たっても酔うことができ、大変深い味わいがあります」。ドイツ生まれの博士は、これを聞いて大変喜び、とても的確な比喩だと言いました。「趙先生、ヨーロッパで演説するときにこの例えを使いたいのですが、あなたから教えてもらったと断わらなくてもかまいませんか」と聞かれたので、「かまいませんよ。ただし、中国で演説するときは、著作権は私にあると言ってくださいね」と答えました。（笑い）

ユーモアは話す対象も関係してきます。アメリカの大学で演説した際、会場にいた教授たちは、私の話を聞いて大笑いしましたが、その後ワシントンの記者クラブで同じ話をしたとき、記者の皆さんは笑いませんでした。同じアメリカで、同じ話をしても、対象が違えば、効果もまた違います。ですから、ユーモアは時に狙って仕掛けるのではなく、流れに乗じて発するものなのです。ユーモアは笑い話とは異なります。笑い話は笑ってしまえばそれまでで、何か含みがあるわけではありませんが、ユーモアには多少の哲理があります。私が思うに、ユーモアのセンスがある人は誰からも好かれるようです。

二　交流は誠意の演出である

趙　中国科学院のアカデミー会員である金涌氏が、浙江大学で講演した際、「社交性は大学生に最も大切な能力だ。社交性、業務効率、情報収集能力、情報分析能力、独学力は集団で動く場合の五大能力であり、社交性がその一番目となる」と言いました。金会員によれば、世界化学工学連合が二十五カ国の化学工学専攻の卒業生を調査し、二十二種類の能力に点数をつけた結果、二千名以上の採点者が、社交性の重要度は他の能力をはるかに上回ると見なしました。社交性は実のところ一種の総合的な資質であり、他の能力と複雑に絡み合います。私が思うに、社交性とは主にコミュニケーション能力を指し、社交性だろうがコミュニケーション能力だろうが、いずれも優れた人柄があってこそ展開されるものです。

呉 「コミュニケーション能力」という言い方のほうが、「社交性」よりもいいでしょう。コミュニケーション能力には社交性も含まれます。社交性は交際に重点が置かれますが、コミュニケーション能力は人と人とのコミュニケーションを強調します。もちろん、誠意が最も重要です。「社交」と「交流」は、英語でも別々の言葉になります。

趙 そうです、「社交」はそのときの状況によって意味が変わりますが、「交流」が意味するところは明確です。コミュニケーション能力が必要とされない場所はなく、必要でない人もいません。一般に、能力が高い人、あるいは地位が高い人は、コミュニケーション能力も比較的優れ、上級外交官ともなれば、すでに最高水準に達します。しかし、彼らもまた、若いころから一歩一歩自分を磨きあげてきたのです。

呉 私は若いころ、二つの経歴から大きな影響を受けました。一つ目は、一九五九年に北京外国語学院（現在の北京外国語大学）を卒業した後、外交部の高級通訳養成クラスに選抜され、外国からの賓客の通訳に幾度も駆り出されました。一九六一年から一九六五年には、共産主義青年団の中央国際連絡部に派遣され、ハンガリーの首都であるブタペストに駐在し、世界民主青年連盟中国代表団の通訳を担当しました。当時はまさに中ソ論戦のさなかにあり（注7）、各国代表が一堂に会する中、中国代表とソ連代表が激しく言い争いました。第二代代表の銭李仁氏、第三代代表の朱良氏はいずれも能力が高く、論争の場で相手の発言を聞いて、それに反駁する原稿を即座に書き上げることができ、また多数の発言に即座に反応するため、ソ連側が何も言えなくなってしまうことがよくありました。彼らの弁才には大いに啓発されました。

趙　あなたは外交分野で国内外の傑出した人物と接する機会が多数あり、また特殊な国際交流の場に居合わせる機会もあって、その幸運が羨ましくなります。私が仕事を始めたとき、ソ連の専門家はすでに撤退しており、そのため改革開放前に、外国人と直接接する機会はほとんどありませんでした。加えて、私は国防事業に従事していたため、軽々しく外国人と接することができなかったのです。英語の科学技術文献を読むことだけはできましたが、あなたのように外国語を雄弁に使うには遥かに及びません。

呉　二つ目の経歴は、一九七一年から一九七七年に中国国連代表団の一員となり、中東とアフリカ外交の主管となったことです。毎年九月には、国連総会の一般討論に参加し、国家元首たちの演説を聞きました。話すのが上手な人なら、会場全体が集中して耳を傾けました。無味乾燥な話の場合には、誰も続きを聞こうとしません。また、安全保障理事会では、発言者はみな原稿を読み上げますが、精彩を放つのは質疑応答の場面です。イギリス大使のリチャード氏は、大柄で、感情豊かに答弁を行い、その話は妙趣に富み、誰もが認める存在でした。彼の意見に賛同しない人であっても、その能力について疑う人はいませんでした。外交官として良いパフォーマンスができれば、周囲から認められ、誰もが進んで話

7　一九五三年のスターリン逝去後、中国共産党とソ連共産党は社会主義革命、帝国主義、アジア・アフリカ・ラテンアメリカ民族解放運動等の問題に対する意見が徐々に食い違うようになった。一九六〇年代初め、中ソ両党は公開論戦を開始した。

をしようと思い、国の栄誉を勝ち取ることができます。

趙　私の場合は、中国科学技術大学で学んでいるころ、先生方の多くが一流の科学者でした。数学所所長の関肇直氏、中国最高レベルの高エネルギー物理学者である張文裕氏、中国原子物理学の重要人物である趙忠堯氏などです。彼らの授業にはそれぞれ特徴があり、特に基本概念と定義について、非常に明確に教えてくれました。

呉　科学者同士の交流や、科学者と学生の間の交流は、日常生活で行われるものと何か違いがあるのではないでしょうか。例を挙げて教えていただけますか。

趙　趙忠堯先生は、「原子核反応断面積」という物理概念の説明に、二回分の講義を費やしました。彼が言うには、「この問題がよく分からなければ、原子物理研究の専攻は難しいでしょう。原始物理研究を何年も続けていながら、この概念があいまいな人がいることに気づきました。ですから、私は二回分の講義時間を使ってでも、この基本概念を教えておきたかったのです」。このことが学生に示唆するものは何でしょう。それはつまり、カギとなる概念をあいまいなままにしておいたら、支障が生じるかもしれず、そこで思考が止まり、検討を続けられなくなってしまうということです。

呉　『江辺対話』の中で、アメリカ人のパラオ博士から、あなたは定義にうるさいと言われていましたね。彼でさえ、あなたの特徴に気づいたのですから、あなたが話の中で概念とロジックの明晰さにこだわるのがよく分かります。

趙　こんな話を読んだことがあります。ある子どもがアインシュタイン博士に手紙を書き、「僕は生物の授業を受けていますが、何が動物なのか分かりません」と聞きました。アインシュタイン博士は、「何が動物なのかと尋ねてはいけません。そうではなく、どんなものを我々は動物と呼んでいるのかと聞くべきです」と答えました。彼は、質問は合理的でなければならないと指摘したのです。アインシュタインはまた、「もし私が真面目に考えることをせず、詳しく説明を行わずに、力学研究の目的を述べたとしたら、私の良心は明瞭かつ明確さを求める神聖な精神に背いた重大な過失を負うことになるだろう」と述べました（アインシュタイン『狭義与広義相対論浅説』、北京大学出版社、二〇〇八年）。彼の意味するところは、思考は正確に表現する基礎となるということです。

呉　アメリカの労働長官を務めたイレーン・チャオ氏が武漢市の大学で講演した際、アメリカ文化に対する理解をこのように述べました。「アメリカは『話すのを止めない』社会です。称賛であっても、不満であっても、あるいは疑惑や憂慮であっても、アメリカ人は恥ずかしがらずに表現します。それに加えて、彼らは『ボディランゲージ』が理解できず、すべてを口に出すのです。もし何か分からないことがあったら、思い切って問いかけることです。多くのアメリカ人は辛抱強く、あなたが口を挟んでも、とがめることはありません。彼らも常にそうしているからです」。彼女によれば、自分も幼いころは非常におとなしく、恥ずかしがり屋だったが、長年アメリカで生活するうちに、「今ではずっと話し続けられるようになった」ということです。

趙　イレーン・チャオ氏がこのように話したのは、中国の大学生が人と付き合う中で、言葉で表現することをためらわず、「話すのを止めない」方式を果敢に行い、自分を豊かにし、自分を鍛え、自分を向上させ、それによって能力があり、活力があり、魅力があり、ひいては影響力のある人になるよう励ましているのですね。

呉　私が知っているアメリカ華僑の詩人は、「アメリカでは、中国のように地位の低い者の発言が軽んじられるということがない。もしあなたがそのように感じ、自分が何を言っても関係なく、言っても無駄だと思ったら、自分を日に日に重要でない人にしてしまう。ある人の重要性や潜在価値は、話しているときに相手にどう思われるかによって決まることが多い」と言っていました。彼によれば、アメリカに来た当初の数年間は、自分を重要でないと考え、発言を控えたために、幾度も損をしたり、割に合わない思いをしたりしたそうです。

趙　それと年功序列の意識も、競争においては害が大きいものです。年配の人を立てることばかり気にして、何も口に出さず、その間に他の人に発言権を取られたら、あなたは何もしないまま、知らぬ間にただの傍観者になってしまうのです。

郭非　先生方、こんにちは。私は上海戯劇学院監督学部の修士課程です。二つほど質問させてください。一つ目は、一定の状況下で、交流は一種の演出と見なすことはできないでしょうか。例えば販売員ですが、目的は自社の製品を売り込むことであり、顧客との交流において、彼の信頼度や真実性には演出的要素があります。例を挙げると、私は先日、友人の会社の展示を見に行きました。友人が同僚とにこやかに談笑し、とてもいい関係を築いているのを見て、人付き合いの良さについて褒めたのですが、彼は、「そうではなくて、これはオフィスの政治というものだ。彼らはただの同僚で、友達ではない。君はまだ学生の身だから、分からないだろうね」と言いました。二つ目は、女性と交流する上で、交流技術が優れていると感じた方はどなたかいらっしゃいますか。

趙　人と人との情報伝達はすべて交流ということになり、対話、手紙、表情すべてが含まれ、さらに双方の地位、場面、内容が違うことで、交流の多様性があります。テレビで物を販売するのをテレビショッピングと呼び、それは確かに演出ですが、また一種の交流でもあり、このような交流は物を販売する場合には可能です。ただし、このようなやり方で友人に接するのは誤りで、友人をこのようにそそのかしたり、情に訴えたりしてはいけません。それと、女性との交流についてですか。私には特別な経験はありません。一般に、女性の方が繊細で、男性はどちらかと言うと無骨です。もちろん、夫婦間の交流は典型的な男女の交流であり、話題は子供の教育のことが中心になります。私の妻は航空機の自動誘導を学んで、もう長いことになりますが、さらに娘の中学の代数も見てやっています。彼女はまず一通りやってから子どもに説明し、その説明が非常に分かりやすいので、子どもの成績は上がりました。彼女は子どもと同じ表紙のノートを使っていたため、娘がうっかり母親のノートを提出したことがありました。先生に誰のノートかと聞かれ、「母のです」と答えたら、「ああ、あなたのお母さんは『努力しなければ大学には合格できないよ』というような話をするのではなく、問題を一つ一つ解説してあげているのですね。素晴らしいお母さんですね」と言われたそうです。ですから、娘の成績は九割が母親の功績によるもので、残りの一割が私です。素晴らしいと思う女性を一人挙げるとしたら、やはり私と最も交流の機会が多い、私の妻ということになりますね。（笑い）

呉　交流と演出の違いは何でしょうか。私が思うに、中国では、「演出」という響きに多少よくないイメージがあるようです。実際のところ、あなたも考えてみてください。先ほど質問したとき、あなたは我々と交流しながら、大勢の視線を受けていた、ある意味では、あなたも一種の演技をしていたのです。

私は八〇年代にアメリカで働いていましたが、ある人が当時のレーガン大統領に質問しました。「あなたはもともと俳優で、今は大統領です。俳優と大統領はどのようなところが違いますか」。彼は、「大統領になれば演技はしなくていいと思うかい?」と答えました。最初に聞いた時は、この意味が理解できませんでしたが、長い時間が過ぎてから気づきました、大統領だろうが、首相だろうが、指導者だろうが、公衆の面前で発言し、ふるまうのは、すべて一種のパフォーマンスなのです。もしあなたが著名人ならば、このようなパフォーマンスやふるまいには一定の構想があるべきで、そこには一種のプランが必要です。例えば、どんな洋服を着るかについて、この場合にふさわしいのはどんな洋服か、それはあなたの肌の色や体つきに似合うかどうか、などを考えなければなりません。さらに、この場面ではどんな話をするのが適切か、人の心を動かし、人を不快にさせない話ができるかどうか考えなければならず、これらはすべて構想が必要です。ですから、私は交流と演出は対立するものではないと思っています。

女性についてですが、私も妻とのやりとりが比較的多く、彼女のことは注意深く見守っていますし、彼女は他の人からは聞けない意見を口にしてくれます。大使として外国に駐在していたときは、大使館を預かる身として、相手をじろりと睨みつけ、怖がらせることもありましたが、誰も私に意見できませんでした。しかし、妻は、「この件で感情的になるなんておかしいわ」と言いました。彼女は問題に対する私の考え方を全面的にさせてくれます。もちろん、私は海外のさまざまな女性とも関わってきました。

一九九七年に、私はジュネーブの人権委員会会議に出席しました。アメリカ側の団長は女性で、私たちは会場で対立したのですが、彼女は中国の人権を批判し、私はそれに反論しました。人権委員会会議の最終日、私たちの口論はすでに終結していて、彼女は私と会う約束をしました。アメリカ代表団の団長が、中国代表団の団長に会うのですから、当然私の方が出向かなければいけません。私が腰を下ろすと、彼女は口を開いて、「呉大使、あなたは今回の人権委員会会議中、一分たりとも無駄にしていませんでしたね」と言いました。「どうして知っているのですか」と私が聞くと、「注意深く観察していましたから。あなたがどんな時に現れて、どんな時に現れないのか、またどんな時に国連にいるのかということもです」と答えました。これはつまり、彼女の観察がどれほど念入りだったかということと、一方で私がこのような話を口には出さなかったということを表しています。しかし、私はアメリカで過ごしたことがあり、アメリカ人と付き合う中で、彼らが強い者に敬服することを知っています。彼女のこの発言には、いくらか称賛する気持ちが含まれていました。その後、彼女は話題を変えて、「私たちはすでに何年も言い争いをしています。これを続けるのは良くありません」と言いました。私は、「対立はあなた方が先に始めたものです。あなた方が止めてくれれば、中国側も従いますよ」と言いました。彼女の言葉は率直でした。「呉大使、これは私個人の意見ですが、帰国したら政府に報告してみます」。一九九七年に、私たちは人権委員会で大論争しましたが、一九九八年には、アメリカは反中国人権提案を再提出しませんでした。彼女が一定の役割を果たしてくれたのではないかと思っています。

あなた方も生活の中でさまざまな人に出会い、それぞれに特徴があることに気づくでしょう。相手の長所を見なくてはいけません。あまり好きではない人であっても、長所はあるはずです。私が思うに、比較的潜在力があるのは、学ぶことが上手な人です。学ぶ時にさまざまな障壁を設けず、人の長所を見て、常に相手の良いところを吸収することです。そうすれば、あなたは絶えず向上していくことができます。

田思斉　皆さん、こんにちは。私は復旦大学社会発展公共政治学院の学部生です。私には二つ質問があります。一つ目は、とても仲の良い友人がいたのですが、おそらく二人とも負けず嫌いで、成績上の勝ち負けをつけようとしたために、徐々に疎遠になり、今は付き合いが少なくなってしまいました。そこで、お二人に伺いたいのですが、競争関係に向き合う上で参考になるような経験談はありますでしょうか。どうやってライバルと交流すればいいのでしょうか。二つ目は、ここにいる学生の多くは学生幹部でしょうし、お二人も指導者ですが、もし部下から受け入れがたい提案をされた場合、どうやってその提案に対処し、また提案した本人の評価に影響させずにいられるのでしょうか。よろしくお願いいたします。

趙　安易に誰かをライバルと見なさないことです。「同業者は敵同士である」というのは、中国で昔から言われてきた言葉ですが、どうして同業者は友人になることができないのでしょうか。同業者を敵と見なすことによって、中国は多くの技術を失ってきました。伝承技術を外部に漏らさず、娘ではなく息子だけに伝えるのは、旧社会の悪しき伝統です。しかし、ビジネスでは確かに競争問題もあり、ルールによって対処しなければなりません。自分の発明を公にはできず、さらに特許出願を行う必要もあります。

競争相手は尊重しなければなりません。多国籍企業と、彼らのライバルについて話したとき、彼らがよく口にしたのは「あれは良い企業で、我々の競合相手ですよ」という言葉でした。相手を見下さず、傲慢にも卑屈にもならず、とても適切な回答でした。

呉　先ほどの二つの質問は、いずれも気持ちの問題です。もしあなたの度量が大きければ、違ったやり方で友人と付き合い、違った結果になったことでしょう。「君はこの分野が得意だから、ちょっと助けてもらえないだろうか。どうやっているのかな」という風にです。私が思うに、このような言い方をすれば、二人の関係はきっと良い方向に向かうはずです。このような度量がなければ、就職しても同じように困難に出会い、いつも頭を悩ませることになりますが、そんなことが必要でしょうか。彼には彼の長所があり、あなたにも短所があるはずです。人の長所を褒めれば、相手は嬉しくなり、互いに打ち解け、さらに愉快に日々を過ごすことができます。

部下の意見については、すぐにその意見を却下したり、叱り飛ばしたりしてはいけません。実際に、物事を見る角度というのはそれぞれ違っていて、ちょうどこのコップのように（とテーブルのコップを掲げ）、あなたたちからは持ち手が見えないでしょうが、私からは見ることができます。あるときは、部下の意見があなたと補足し合うこともあるでしょうし、たとえ間違った意見であっても、それには何かしら原因があるのではないでしょうか。軽々しく人の意見を否定してはいけません。特に指導者について言えば、部下は慎重に意見を出してくるもので、あなたの反応が彼本人に対する受け止め方ととられる可能性もあるため、彼の意見をなおさら尊重しなければなりません。

人と人との交流で、最も大切なのは相手を尊重することです。もし相手から見下されたら、あなたは気分を悪くし、その人と付き合いたいとは思わないでしょう。相手の身になって考え、部下の意見をまず聞いてみることです。彼はどうしてこのように思ったのでしょうか。彼はどうしてこの意見を出してきたのでしょうか。彼の根拠は何でしょうか。真摯に彼の意見を聞き、分析を行い、彼の長所を認め、もし不足するところがあれば、ちょっと修正してやればいいのです。趙さんの言うように、いつも相手に猶予を与えることです。常に相手の顔を立ててやり、引っ込みがつかない状態にしたり、袋小路に追い込んだりしてはいけません。それが人として正しいやり方であり、コミュニケーション能力の一部でもあるのです。

二　読書は広義の交流である

趙　人は交流を通じて現実の需要を解決するだけではなく、双方の思想の交流をレベルアップすることもできます。優れた対話集は読者に啓示を与えます。こうした優秀な対話集が古今東西数多くあります。例えば毛沢東と湯川秀樹［一九〇七―一九八一、理論物理学者、日本初のノーベル賞受賞者］による、物質の無限の可分性に関する対話は、私が認識論を掘り下げるときにヒントをくれました。

呉　私も外交学院の学生に、有名な対話集を読むよう勧めています。例えばアーノルド・J・トインビー［一八八九―一九七五、イギリスの歴史学者］と池田大作［一九二八―、文化学者・社会活動家］による『二十一世紀への対話』は、人類社会が関心を寄せる多くの課題を詳細に検討しています。もちろん、これらは何らかの示唆を得るためのものであり、学生たちがすべての見方に賛成する必要はありません。

趙　大学生だけでなく、若い人が本を読むときは、作者の見方に完全に引きずられないように気をつけなければいけません。読書は広義の交流と言えますが、欠点もあります。読者に異なる見解があっても、一般に作者と面と向かった双方向の交流をする術はないことです。

呉　外国のエリートは中国人と付き合う際、相手がどれほどのレベルなのかを推し量り、この人はおもしろい、と思えば喜んで交流し、時間も気にせず話し込むことでしょう。私が見たところ、ペレス元大統領はとても高慢で、すべての人が彼と対話できたわけではなく、彼自身ともても教養がありました。あなたが彼と対話できたのは、役職ではなく、知識があったからです。あなたは時間があれば読書をしています。あなたと対話したことで、彼は中国を理解できました。彼との対話では、比較的奥深い問題について話し合い、思想をぶつけ合い、火花を散らし、双方ともに収穫があったと感じたはずで、こうした収穫は金銭で買えるものではありません。私自身、外交の場で、このような収穫を得ることは難しい。あなたはアラファト議長やペレス元大統領、アメリカの神学者であるパラオ博士と長時間対話し、それが本にまとめられました。さらに売れ行きも良く、これは交流の成果と言えるでしょう。

趙　あなたは外交の世界で一生を過ごしているので、このような人物との交流の機会は、私より多いはずです。あなたが行っていたのは「政府外交」で、私の場合は「公共外交」です。確かに、時には「あなたは私の好敵手だ！」と言われ、長く話し込んだこともありますが。

呉　あなたが言うような好敵手は、英語に訳せば「good interlocutor」、つまり良き相手に巡り合えた、ということですね。実際に、中国国内では、若い人が交流できる知恵者も多く、学校では先生に、社会では年配の人にその役割を求めることができます。

丁磊　皆さん、こんにちは。私は華東師範大学政治学部中国共産党史専攻の修士課程二年生です。私は交流において、とりわけ授業中に討論する際、話の論理性に欠け、自分の観点をうまく表現できないことがあります。お二人にお伺いしたいのですが、論理性のある伝え方をするにはどうしたらいいのでしょうか。また、哲学書を読めば論理性を養えるとよく言われるのですが、哲学を学ぶことでどうやって私の論理性を高めることができるのでしょうか。よろしくお願いします。

趙　論理性は間違いなく大切なものです。ロジックが混乱すれば、表現が不正確になってしまいます。文法も一種のロジックであり、文法を間違えると、一つの文章が意味不明になり、その段落全体に影響します。論理性の訓練については、その人によって状況が違います。

私が思考を養うのに役立った授業は平面幾何です。中学のときに平面幾何を学びましたが、よく分かったところもあれば、そうでないところもありました。文章を読んで、文中にいくつかの問題や結論が述べられていても、中には意味が重複していることがあります。方程式では、例えば三次方程式なのに、四つ目の解を書いたら、それは誤りです。もちろん、分厚い本を読んで、その中で大事なことはこれだけだということに気づけば、さらっと読んだとしてもそれを消化したことになるでしょう。読み終えて、要点がよく分からなかったとしたら、おそらく二つの原因があります。一つはその本の書き方の問題で、もう一つはあなたの読み方の問題です。読むのに苦労するような本をわざわざ読む必要はありません。特に哲学書は、たいへんな努力を要するにも関わらず、あなたにとって得るものがないのであれば、読む必要はないでしょう。その本自体に問題があるか、あるいは根本的にあなたに合わない本かもしれません。

呉　高校では、いつごろ文系と理系に分かれましたか。

丁　一年生の時です。

呉　あなたの話に論理性が足りないのは、文系と理系に分かれるのが早すぎるのと関係があるかもしれません。楊福家氏は復旦大学の元学長で、イギリスのノッティンガム大学の学長を務め、現在は寧波ノッティンガム大学の学長となりましたが、たいへん有名な教育家です。先日、会って話をした際に、彼は、創造を生み出すには二つの思考が必要で、一つは論理的思考、もう一つはイメージ思考だと言っていました。一般的に、文系の学生はイメージ思考に優れており、上海戯劇学院の学生も同様ということになりますが、理工学科の場合はロジック思考が勝り、二つの思考が結びつくことで革新力となるのです。あなたは数学や物理の基本的知識を補うことで、論理的な思考を身につけることができるかもしれません。

文系と理系の選択が早すぎるのは、中国教育界の大きな問題点です。中国の大学は一九五二年に大きな過ちを犯しました。大学や学部・学科の調整を全国規模で行ったのです。従来は、同一大学の中に文系と理系がありましたが、それを一刀両断に処理し、鋼鉄を学ぶ者は鋼鉄系の大学へ、化学工業を学ぶ者は化学工業系の大学へ、外国語を学ぶ者は外語系の大学へと完全に分離してしまい、中国人の教育に大きな欠点を残しました。この欠点は今日まで続き、各方面に影響が出ています。

李麗平　先生方、こんにちは。私は復旦大学管理学部の学生で、八〇年代生まれです。このところ『ライフ・オブ・パイ』という映画が人気を集めていますが、私はこの映画を観て、若い世代は人との交流以外に、もっと自然と交流するべきではないかと思いました。私の同級生の多くは、休日にバックパックを背負って山へ行きますが、彼らによると、街中を離れ、大自然と触れ合いたいということです。大自然と交流することについては、どんなご意見をお持ちですか。文字や言葉以外に、私たちが外界と付き合う方法にはどんなものがあるのでしょうか。よろしくお願いします。

趙　自然と交流する、これは「交流」を転用した概念です。自然界にも形態があり、音声があり、風が吹けば木の葉が揺れますが、それは言葉ではありません。論理的に言えば、自然を感じるときも、自然と対話しているわけではないのです。例えば、「智者は水を楽しみ、仁者は山を楽しむ」と言いますが、この「楽」というのは一種の感じ方です。厳密に言えば、あなたは自然と交流するわけではありませんが、詩的な表現を使うことで、それを交流と言うことができるのです。現代人は特にこうした体験を必要としています。大都市は非常に騒がしく、どれだけ立派な高層ビルだとしても、鳥小屋に住んでいるのと同じようなものです。私たちが普段目にするのは鉄筋コンクリートばかりで、あまりにも緑が少なく、青空や白い雲を見るのはさらに難しいため、この圧迫感を大自然の中で解放することが必要なのです。条件が許せば、あなたも旅行に行ってみてください。

呉　大自然と交流する、こうした表現も世界の変化や、中国の進歩につれて現れたものです。先日、私は海南省の三亜市へ行き、七仙谷近くの旅館に泊まりました。そのあたりは比較的自然が残されていて、晩に妻と散歩をしていると、巡回担当者が前方に蛇がいるのを見つけ、私たちを遮りました。私が蛇を殺さないようにと言ったので、彼らは他の場所へ蛇を引きずり、追い払いました。自然界の生き物にはいずれも存在する理由があり、人間はそれらを大切にしなければなりません。三亜に到着して、北京より空気がきれいだと感じました。原始の生態に近い場所では、空気が清々しく感じられ、北京とはまったく違いました。私たちの周囲では高層ビルが増え、交通量が多くなり、空気も悪くなりましたが、これは私たちが求める生活なのでしょうか。人と自然がいかに調和し共存するかは、二十一世紀の大きな問題です。

趙　都市の病という話が出て、上海万博のスローガンである「城市、讓生活更美好（都市が生活をより美しくする）」を思い出しました。これには論理的な問題があります。混雑、渋滞、大気汚染、社会秩序の乱れ等は、いずれも都市の病であり、これらが生活をより美しくなどできるでしょうか。英語のスローガンは「Better City, Better Life」ですが、こちらの方が正確です。「都市が生活をより美しくする」と言ったら、農村を差別することにならないでしょうか。私たちはまたどうやって自然と対話できるのでしょうか。この表現は大いに問題があります。当時、私は全国政治協商会議外事委員会の主任でしたが、私たちは上海市へ正式に書面を送り、このスローガンには問題があり、農村を差別視する疑いがあるし、英文とも一致しないと意見しました。

呉　私は申請過程に関与しましたが、提出時に上海人は確かにこのように翻訳し、私も承認しました。申請時はこのテーマがふさわしいと思ったのです。

趙　英語では誤解される恐れがないので、申請には当然差し障りがなかったはずです。外国人は英文しか見ませんからね。誰が英語に翻訳したのですか。

呉　復旦大学内の話では、英文は復旦大学英語語言文学学部の陸谷孫教授が翻訳したということです。まず、「都市が生活をより美しくする」という中国語のテーマがあり、その後に上海中から翻訳案を募り、最終的に陸教授の案を採用したそうです。

趙　なるほど、陸谷孫教授なら間違いありません。この翻訳は、中国語の原文の意味を超越し、レベルアップさせていて素晴らしいです。

四　口論は交流のタブーである

趙　日常のやりとりの中で、何らかの原因で論争になることがあります。論争後は、言い争ったことで感情的になり、話すべきことも話さなくなってしまいます。衝動を抑えることも一種の修練です。外交の場で同じような事例がありますか。

呉　一九八〇年代、ソ連の国連大使だったトロヤノフスキー氏は、国連で尊敬を集めていました。アメリカの右翼分子は彼を大変敵視していました。あるとき、数人の右翼暴徒が真っ赤な塗料を彼の全身にぶちまけました。彼は戻ってきれいに洗い流してから、いつものようにスーツをピシッと着込んで国連に現れました。記者からコメントを求められ、アメリカの右翼暴徒を激しく罵るだろうと誰もが思ったのですが、彼はにっこり笑い、「Rather red than dead!（死ぬより赤い方がましだね）」と言ったのです。

趙　交流において、とりわけ何か特殊な事情がある場合には、相手の心理状態を刺激したり、影響を与えたりしてはいけません。ヨーロッパで環境保護に関する国際会議が開催されたとき、眼鏡をかけた年配の男性が台上で話をしていると、一人の老婦人が突然ケーキを彼の顔に投げつけ、「この嘘つきが！」と言いました。男性の眼鏡にはクリームがべったりとつきました。彼はゆっくりと眼鏡を外し、「このケーキはあまり上等なものではないね。最後まで話し終わったら、顔を洗いに行くことにするよ」と言いました。これは誰にでもできることではありません。

呉　マレーシアのマハティール元首相が、世界行動委員会の会議に出席し、主催者に独裁者だと紹介されたことがありました。彼は台上に上がると、「先ほど私のことを独裁者だと紹介されましたね。どうやら私はこの場で話すのにふさわしくないようです」と言い、その場を去りました。彼は抗議の意を示したわけですが、それと引き換えに話す機会を失ってしまいました。

趙　対照的な例があります。二〇〇七年に、イランのアフマディネジャド大統領がアメリカ・コロンビア大学のリー・ボリンジャー学長に招かれ、当地で講演をしました。ボリンジャー学長は歓迎の言葉の中で、「大統領、あなたは狭量で残忍な独裁者の兆候を見せています。あなたは図々しく周囲を挑発しているか、驚くほど教養に欠けるか、どちらかですね」と言いました。アフマディネジャド大統領はそこで退場せず、「イランの伝統では、誰かに講演をお願いするとき、学生の意思を十分尊重します。学生や教師に対してあらかじめ免疫措置をとったり、講演の前につらつらと恨み言を言ったりする必要はないと認識しています」と言いました。それから、講演の中で猛烈にアメリカを批判しました。彼は退場しないことで、報復の機会を得たのです。

呉　人は刺激されると腹を立て、腹を立てると自分をコントロールできなくなります。交流の場では、感情的に物事を処理することは避けなければなりません。

趙　日常の付き合いの中で、腹を立てたときの態度はいくつかあります。第一に、腹を立てたらすぐに誰かと対立する、これは最もよくないやり方です。第二に、不愉快になっても、自分をコントロールし、すぐには怒り出さない。これも悪くありません。第三に、平静さを保ち、誰かに失礼なことをされても、理性を失わないでいることです。相手はあなたを怒らせるつもりで、わざと落とし穴を仕掛けるのですから、あなたがそれに乗せられてしまえば、思考が乱れてしまうでしょう。友人の間ではさらに寛容さが必要で、寛容さは友人に接する際の大事な原則です。

呉　さらに例を挙げて、交流における心理状態の重要性について説明しましょう。一九九一年に、アメリカのジェイムズ・ベイカー国務長官が中国を訪問しました。第一回両国全体会議で、交渉が膠着状態になり、ベイカー氏は鞄を持って退出しようとし、会場全体の緊張が極限まで高まりました。そのとき、中国側の代表者である銭其琛国務委員は微動だにせず、ベイカー氏に向かって悠然と手を振り、彼を再び座らせました。雰囲気はたちまち和らぎ、交渉は継続されました。銭其琛同志の当時の冷静さと理性は敬服すべきもので、彼は成算があり、非常に冷静で、これは決して一日で成せるものではありません。

呉琦琪　みなさん、こんにちは。私は華東師範大学心理学専攻の学生です。私の両親は三日に一度は小さなケンカを、五日に一度は大ゲンカをしますが、関係は安定していて、日常の雰囲気も悪くなく、よく二人で映画を観に行ったり、私たち若者がするようなことを一緒にしたりしています。反対に、若い人たちの中には、結婚後に対立すると口げんかもせず、冷戦状態のままということがあります。このことから、口げんかも一種の交流方法ではないかと私は思うのですが、お二人はどのように思われますか。

趙　私は口げんかが良い交流方法だとは思いませんね。口げんかは感情を傷つけ、心に影を残しかねません。できるだけ人を傷つける話はしないことです。夫婦間でお互いに相手の人柄を否定するのは、最も良くありません。二人の子どもであり、心理学を研究しているあなたが、口げんかが始まったら彼らの注意をそらすように試み、別の話題をしてみてください。これは子どもとして行わなければいけないことです。

家庭内のコミュニケーションは最も基本的なものであり、もしそれが上手くいかなければ、必ずさまざまな対立が起こります。現在は離婚する人が増えました。私たちが離婚に反対することはできませんが、些細なことで大騒ぎする夫婦は確かにいます。私の知り合いで、大学から修士課程までずっと一緒に学び、とても仲が良かったのですが、結婚して一年で離婚し、しかも相手のことをお互いによく理解していなかったと言った夫婦がいました。いつも願った通りになり、意見がすべて一致する夫婦など、どこにもいません。どんなに意気投合した相手でも、どこかに違いはあるはずです。共通点を見つけ出し、違いはそのままにすることが必要で、相手に自分と同じ趣味、同じ観点を強制することはできず、「己の欲するところを人に強いる」のもよくありません。特に相手を「統治」しようなどと思ってはいけません。自分一人の意見で何でも決められるわけではないのです。「三日に一度は小さなケンカ、五日に一度は大ゲンカ」でいいわけがないでしょう。夫婦は互いに尊敬し合わなければいけないのです。

弱者は強者に変わる

孟実(学生)　趙先生、あなたはかつて、スポークスマンには責任があり、単なる自然人ではないとおっしゃいました。私がきちんと理解できているかどうか分かりませんが、スポークスマンはポジティブな符号を構築し、美しい未来を描いてみせることが必要なのでしょうか。私たちは毎日、インターネット上で社会のマイナス情報をたくさん目にし、プラスのエネルギーが不足しています。ある学者は、中国人は真偽が分からないネットワークを眺めているうちに死に至る、と言いました。では、どのようにポジティブなサインを伝えるべきなのでしょうか。知識青年として、そのためにするべきことは何でしょうか。例えば少し前に、「塩騒動」（注8）があったとき、母親から突然電話があり、塩を買いおきするようにと言われました。母の話では、実家近くのスーパーマーケットで塩が売り切れになったそうです。私はもちろん、こうした行為には根拠がないと思いますが、両親にそれを伝えるには、どのようにしたら効果的なのでしょうか。

趙　私はよく、「国のスポークスマンの任務は世界に向けて中国を説明することだ」と言います。どういう意味でしょうか。これはつまり中国の真実の状況を説明し、中国に関する国内外の疑問に答えることです。もし我々に七分の光明と、三分の不足あるいは暗黒面があるとしたら、それを正直に言わなくてはいけません。七分だけ言って、三分を言わないと、誰からも信用してもらえません。なぜなら完全な国などないからです。以前は中国にもこのような問題があったかと思いますが、今は改善の途にあります。私たち二人は発言中に回避せず、こうした方面に問題があるということを認めますし、さらに改善途中であること、その過程でどんな困難を抱えているのかも分かっています。ですから、スポークスマンの態度や目標は積極的で、前向きなものです。私たちの発言によって、政府と大衆の間がさらに透明化し、中国人のエネルギーが社会の進歩を推し進めるために使われてほしいと願っています。

インターネットに関しては、たいへん複雑です。微博（ウェイボー）は個人の表現方法だからです。最新のデータによると、中国では現在五億三千五百万人がインターネットを利用しており、微博のユーザーは三億人います。ネット上にはさまざまな情報や観点があふれ、どちらかというと突飛であったり、不正確だったりするものもありますが、そういったものがより広まりやすいのは、誰しも変わったものに惹かれるからです。あそこの犬が人を噛んだ、というニュースには何の意味もありませんが、人が犬を噛んだ、と言われたら注目が集まります。そのため、人が犬を噛んだというニュースなら、きっと広い範囲に伝わるでしょう。ネットユーザーは自分の判断力を養うことが必要で、むやみやたらと流行を追いかけるようではいけません。年をとるにつれて、判断力は向上していきます。あなたは修士課程ですが、修士課程と学部生にはどんな違いがあるのでしょうか。学部生は基本的に先生の言うとおりに動きますが、修士課程の学生は先生と討論し、自分の観点を述べなければなりません。博士生ともなれば、自分の専門分野を持ち、他の人が提示しなかった課題を提示したり、あるいは他の人が答えられない問題に答えたりする必要があります。あなたは先ほど「塩騒動」について話しましたが、肝心なのは核医学に関する人々の知識が不足し、一知半解でしかないことです。

孟実　趙先生、自分の判断力を持たなければいけないということですが、判断力を身につけたとして、インターネットによる伝達がこれほど迅速な時代に、私たちに何ができるのでしょうか。

趙　自分の判断を公にし、他の人の意見を聞くことができます。例えばあなたは、「その意見は合理的ではないと思います。塩を買い占めていったいどうするつもりですか」と言えばいいのです。私の知る限りでは、塩に含まれるヨウ素は微量であり、一キロの塩を摂取したところで幾らにもならず、それにヨウ素に幾らかの効果があるのは、放射線を直接浴びた場合のみです。それも規定通りの量を摂取しなければいけません。

孟実　しかし交流の中で、我々は弱い立場にいます。

8　二〇一一年の東日本大震災と福島原発事故の後、中国で塩の買い占め騒動が発生した。

趙　弱者は強者に変わることができます。あなたが博士になるころには、弱者は「中者」になり、教授になれば、相対的に強者になります。境遇は必ず変化するもので、弱者に甘んじるのではなく、誰かに弱者と言われたら、いつまでも弱者でいるものかと、さらに努力を重ねるのです。私は最初に核物理学を学び、その後六、七年ごとに専門を変えました。どこへ行っても最初は弱者で、弱者だからこそ学びたいと思い、弱者だからこそ最も基本的な問題を問いかけることができたのです。ですから、誰でも苦しい時期を経験しますが、自分で倒れなければいいのであって、自分が倒れたら、誰もあなたを救うことはできません。

呉　私も二つほど補足します。ネット上のマイナス情報についてですが、中国には確かに多くの問題があり、ネットユーザーがマイナスのものを見て、それらについて不満を言うのは理解できます。しかし、皆さんの視野はどんどん広がっています。世界全体に目を向け、中国を全世界と比較すると、私たちのやり方はそんなに悪くもなさそうです。一つ例を挙げると、イギリスのＢＢＣが番組スタッフを北京に派遣し、私を取材しました。人権に関する質問をたくさん受けて、いささか煩わしくなり、私はこのように答えました。「世界中で過去三十年間に三億人を貧困から脱出させた国が他にありますか。あなたは貧困を脱するとは何を意味するか知っていますか。貧困を脱するとは飢えを脱することです。飢えを脱するのは人権ではないとでも言うのでしょうか」。この返答を聞いて、記者の目線が少し定まらなくなったのが分かりました。そして、彼はこのように言いました。「呉大使、私はあなたの発言に反駁するすべがありません。それは一つの事実です」。ですから、皆さんは消極的な一面だけでなく、中国の進歩的な一面も見る必要があり、それは非常に重要なことだと私は思っています。

両親とのコミュニケーションに関して言えば、両親には尊厳があり、軽率に逆らえば、当然彼らに反感を持たれ、あなたは何も分かっていないと思われるでしょう。これまで話したように、交流とは己を知り相手を知ることであり、あなたは両親を理解しなければなりません。彼らも当然あなたを心配しているのですから、まず電話をもらったことに感謝し、その上で、「先生が言うには、ヨウ素の効き目はそれほどないらしいよ」と言えばいいのです。そのときは耳を傾けなくても、あなたが言ったことを思い出し、そのうち受け入れてくれるかもしれません。すぐに納得してもらえると期待してはいけません。そのようなことは案外少ないものです。強者が弱者に対する場合はまた別ですが、しかし弱者がこのような方法をとるのは、従順であることを示すためなのです。

インターネットは大海のよう

劉華栄　皆さん、こんにちは。私は上海大学社会科学学院二〇一一年入学の修士課程で、マルクス主義の基本原理を専攻しています。今日ここへ来る途中で、「キーボードに家族との仲を邪魔させない」というバスの広告を目にしました。しかし現在は、スマートフォンが広く普及し、微博やQQが驚くほどのスピードで流行しています。一方では、インターネットを通じて相手をさらに理解できるようになりましたが、もう一方では、インターネットが人を変えてしまうことも否定できません。地下鉄に乗ると、八割の人が下を向いて携帯をいじっています。宿舎内でも、私たちは八割の時間をコンピューターの前でイヤホンをつけ、キーボードを叩いて過ごし、面と向かった交流が少なくなりました。こうした現象について、お二人はどのように思われますか。よろしくお願いします。

呉 こうした現状は非常に注意するべきもので、時計の振り子と同様に、今日はある方向へ動いたかと思えば、また明日には同じ場所へ戻ってくるかもしれません。人と人との間で最も重要なのは面と向かった交流であり、面と向かった交流の方が印象に残ります。インターネット上の情報はスピーディですが、ネットでは相手の眼を見た交流ができず、真実の姿を相手に印象づけるのは難しいものです。あなたが今挙げた問題点は、あなたが先覚者であり、これらを問題だと感じたことを意味します。若い人たちは一日中キーボードに没頭するのではなく、他の人との交流を軽視しないでほしいと思っています。コミュニケーション能力には対外交流の技量も含まれ、世界に向けて中国の技量を説明する必要もあり、これらは少しずつ積み重ねていくものです。自己の鍛錬を通じて、能力はゆっくりと向上を続けます。現在は、ネット上の交流が非常に盛んですが、適当なところでストップしなければいけません。

趙 あなた方に限らず、私も毎日ネット上で多くの時間を費やしています。主に文章を書くか、資料を検索するか、Eメールの送受信をするか、たまに息抜きの情報を少し見ています。ネット上にはゴミ情報も非常に多く、見る価値がないものもありますが、人は好奇心が強い生き物なので、見ないわけにいかず、無視するのはとても大変です。私の対策は、タイトルだけ見て内容をクリックしないことです。私は学生数人に、「インターネットは大海のごとく、ゆっくり漂うのが本筋であり、オンラインにつなぎっぱなしで、おぼれることがないように」という言葉を送りました。大切なのは制限、方法、原則を持つことです。あなた方は大学で学ぶ身ですから、ネット上で多くの時間を浪費するのは良くありません。脳内にたくさんのフラグが残り、たくさんの痕跡が残ってしまったら、「三六〇安全衛士」のよう

なアンチウイルスソフトに整理してもらわなければ、ゴミが多過ぎ、動作が緩慢になってしまうでしょう。（笑い）

私が若いころは、あなた方のように学習環境に恵まれていませんでしたが、本はたくさん読みました。ただ、頭の中に有名人の本ばかりつまっていたら、あるときはヘーゲル、あるときはマルクス、あるときはフォイエルバッハ、またあるときは新自由主義や人文主義があなたの脳内を駆け回ることになるでしょう。あなた自身の思想や感悟はありますか。どんな偉人でも、門を閉ざして主観のみに頼って思想を生み出したのではなく、他の人の思想を土台にして磨き上げたか、もしくは単に補足をしたにすぎないのです。同様に、あなたが他の人と異なるものを考え出したとしたら、それはあなたの進歩になります。

呉　一つ補足させてください。毎日インターネットを使うと目が悪くなります。これは非常に現実的な問題です。私が大学生のころは、クラスの半分が眼鏡をかけていましたが、今はその割合がさらに多くなりました。あなた方はまだ若いので、たいしたこととは思わないでしょうが、年をとると、目が悪いというのは、大変な思いをするのですよ。

趙　これは年寄りからの忠告ですよ！（笑い）

五　「短所」を「長所」に変える

呉　あなたは理工学科で学びましたが、元々の専門と少しも接点のない、国務院新聞弁公室主任という仕事にどうしてつくようになったのでしょうか。あなたとは古い付き合いですが、これまで聞く機会がありませんでした。

趙　あなたも知っているように、一九八〇年代初め、中国幹部の新旧交代が党と国の差し迫った任務となり、幹部たちは「革命化、若者化、知識化、専門化」の条件に従って組織されましたが、こうした条件に合致する候補者の大多数が理工学科出身でした。なぜなら、「文化大革命」以前は文系の募集が少なかったからです。

呉　確かにそうです。中国では指導者の多くが理工学科出身です。

趙　これには政治情勢が影響しています。加えて、理工学科で学んだ人間はプロジェクトや工場の責任者をまかされる機会が多く、中国はまた、経済を中心に国家建設を展開していたので、こうした分野から幹部を選抜しやすいのも自然なことでした。私は一九六三年に大学を卒業後、ざっと五つか六つのポストを経験しました。世界が広がったのは、やはり一九七五年に上海に異動してからで、北京で働いていた時の生活圏はわりと狭く――研究設計院の宿舎、オフィス、図書館、実験室といった感じでした。時に出張もありましたが、接点があったのは、同業の数十人程度に限られていました。

呉　一九八〇年代というと、上海人は普通語（中国標準語）を排斥する傾向があったかと思いますが、そのころはどうやって上海人と交流したのですか。

趙　上海に着任したばかりのころは、上海航天局の工場で働いていました。職場環境は労働者が主体で、言語環境が変わっただけでなく、よく使う語彙も大きく変わりました。上海語はすぐ聞き取れるようになったのですが、話すのは苦労しました。労働者と互いに心を通じ合えば、排斥されることはありません。工場に着任してすぐ、中国が未開拓の分野を任されましたが、七、八人のメンバーの中で、私だけが北京出身でした。全員で一致団結した結果、長年突破できなかった技術的難関をわずか一年で突破し、空白を埋め、さらに発明特許も手にしました。そのうちひとつの発明は、アメリカのAmpex社の査定を受けて、当時の世界最高レベルと評価され、後に輸出もされるようになりました。

呉　あなたがその発明の特許権所有者だったら、たくさん儲かったのでしょうね。私が思うに、実力のみならず、その考え方がより大切で、さらにチームのメンバーとの意思疎通がうまくいったことで、成功できたのでしょう。「文化大革命」の後は、大学で知識分子政策に関わったと聞いています。

趙　第十二回党大会以降の、知識分子の名誉回復に関わる政策は、非常に仕事量が多い任務でした。一部の大学は、外部協力者の助けを得て政策を実行し、秩序を整えました。私は第十二回党大会の代表で、幹部候補でもあったので、上海市委員会は私をその一員に選抜しました。そのころ、私は副工場長になったばかりで、党委員会の委員になったことすらありませんでした。上海鉄道学院（現在の上海鉄道大学）に派遣されてグループ長となり、党委員会の仕事をチェックし、知識分子政策を実施しました。配属に当たって、この仕事は私をリーダーにするためのものではなく、力の及ばない仕事を無理に引き受けるようなものだと思いました。それに対する回答は、「短所」で「短所」を補い、「短所」を「長所」に変えてほしい、というものでした。私は幼いころより大学内で育ったため、知識分子の気質や言葉が比較的理解でき、特に着任前に訓練を受けたことと、さらに古くから付き合いのある人が上部グループのリーダーを務めたため、私の仕事はたいへん順調に進みました。

呉　知識分子の気質をつかむには、交流することがカギとなります。交流は単なる技巧ではなく、心配りが必要であることが分かりますね。上海市副市長や浦東開発新区の指導者から、国務院新聞弁公室へという最後の配置換えも、あなたにとって大きな意味があったのではないですか。これはどうしてですか。

趙 私は上海市副市長と浦東新区管理委員会主任を兼任し、さらに上海の対外事務も管轄して、国際色豊かな人々と日々接していました。この時期の経歴は非常に重要で、私は徐々に文化的差異を体得しました。浦東開発が成果を挙げても謙虚でなければならないこと、「知らない」ことは「知らない」ことであり、メンツのために「知っている」と言わないこと、また適度なユーモアも必要であることを知りました。このように多くの外国の友人と付き合い、彼らとの対談記録も百万字以上にのぼります。上海で外国人と多く接触した経歴と、国務院新聞弁公室への異動はいくらか関係があるのでしょう。この弁公室の任務は世界に向けて中国を説明すること――その政策や社会発展を詳しく述べ、中国に関係する質問に答え、外国人の疑惑を解くことですから。

呉 対外事務を精神的な負担で、ただの公務と見なし、用件がすめばそれで終わりとする人達もいますが、あなたには志があります。あなたのような人にはなかなかお目にかかれません。あなたは毎回、外国人と会うたびに記録をとり、さらに会見した人物と時間をカードに記入しています。記録の良いところは、あなたの思考に残ることで、一つの話題について話せばそれで終わり、という風にはなりません。長年外交に関わってきた私にも、一つの習慣があります。それは一週間が終わると、その週の出来事を頭の中で復習することで、これは実際にある種の総括になります。経験したことを総括しなければ、成長が遅くなります。ですから、外交学院で学生に講義をするとき、必ず総括を行うこと、そうしなければ速やかな成長は望めないと話しています。では、あなたが何度も専門を変えながら、いずれも一定の業績を挙げてきた理由について総括してもらえませんか。

趙　二〇〇八年十月に中国科学技術大学五十周年記念行事に参加した際、私は大講堂のステージ下で中継カメラに向かって話をしました。「私たちが集まったのは、母校の恩に感謝するためです。国は貧困な時代に、科学技術大学を通じて私たちを育成してくれました。同窓生たちは多くの職場で業績をあげています。母校が培ってくれたものは少なくとも二つあると思います。一つは、何かを成そうとするときは、状況も良くしようとすることで、これは科学研究における先生方の進取の精神から影響を受けました。もう一つは、常に冷静な頭脳を保ち、問題を鋭く観察し、賢い解決方法を見出し、思い切りよく実行することで、これは学校で培われた科学的思想方法です。これが母校に感謝し、国に感謝する理由です」。いろいろなことがありました。これから政治、歴史、経済、法律を学ぶ人は、さらに国を治めるに適した人材になると思います。今後、中国は、社会科学と人文科学を学んだ人材をさらに必要としています。

杜子行　皆さん、こんにちは。私は上海大学基礎材料科学専攻の四年生です。人によって、生活習慣を含め、生活の位置づけに大きな違いがあると思います。例を挙げると、私はどちらかというと保守的に見られることが多く、新聞を読んだり、経済ニュースに目を通したりすることに関心がありますが、一方でゲームが好きな学生もいて、その話題に誘われます。これはライフスタイルの違いです。また、生活に対する態度も異なり、例えば現在はインターネット用語が氾濫しています。一部の学生に歓迎され、すぐに覚えられ、よく使われるインターネット用語もありますが、それを内心では良く思わない学生もいて、両者が交流する際は、インターネット用語による相違や誤解が生じるかもしれません。そこで、異なるバックグラウンドを持つ学生に対しては、どのように人間関係を築いていけばよいのでしょうか。

趙　世界中の、あらゆる生き物の中で、個人差が一番大きいのが人類です。外見、生活、家庭背景……日頃接する人は実にさまざまです。あなたが先ほど挙げた例のように、彼はインターネット用語を使いたがるが、あなたはそうではない、それなら無理に自分と同様に、あるいは自分に同化することを求めず、お互いにそれぞれの特徴を保持することを認めなければなりません。誰もがあなたと同じであることを望んではいけません。人の思想が完全に一致することがないのが多元化であり、創造性があるということです。当然、相手に誤りがあり、例えばゲームに夢中になりすぎて授業を欠席するようなことがあれば、彼に忠告し、友情によって目を覚まさせなければなりません。違いを残し、お互いに尊敬し合えば、心温まる和やかな環境を持つことができます。

呉　先ほどの発言の様子について言わせてください。あなたは勇気を奮って質問に立ち、発言も全体的に自然なものでしたが、一つ気になることがあります。話をするとき、あなたの視線は私たちではなく、別のところを彷徨っていました。目は心の窓であり、人との交流では、相手の方をきちんと見なければ、相手は自分が尊敬されてないと感じ、居心地が悪くなります。

私たちは、話をするときに相手から目をそらしがちで、高級官僚になっても同じことをやってしまうことがあります。海外から賓客が来ているのに、話をするときに前を向き、カメラのレンズに向かって話をする。相手からずっと見られていても、自分は相手の方をちらりとも見ない。視線を合わせる訓練が必要なのではないでしょうか。こうした交流は非常に大切で、なぜなら視線もまた情報を受信し、発信するものだからです。人間の交流はさまざまな感覚器官を通じて行われますが、最も中心となるのが視覚と聴覚です。ですから、「見聞」というのは道理に合っているのです。まず見て、それから比較して、張さんはこうで、李さんはああだが、両者の違いはどこにあるのか。このような比較をすることで、あなたは進歩していくのです。

六　決まり文句では人の心を動かせない

趙　階層や年齢、職業、地域によって文化の違いがあり、価値観や伝統が異なります。ですから、同じテーマについて話すときでも、相手によって話の焦点は異なり、子どもと話すとき、老人と話すとき、出稼ぎ労働者と話すときの言い方もそれぞれ異なります。これは決して八方美人と言うのではなく、会話の重点と方式が違うということです。

呉　交流の対象が違えば、話す内容や方式も確かに違ってきますよね。

趙　例えば私たちの眼の前に置かれている、このコップですが、エンジニアとの会話なら、このコップは一種の合金製で、銅を主体に、錫とニッケルが加えられているのではないか、と話すでしょう。芸術家が相手なら、この構造は現代建築の構造主義のようで、ガラスと金属の調和があまりとれていないと話すでしょう。相手が画家だったら、それには飾り穴があって、茶葉やお茶の色を観察できるし、美しさもあるが、すぐに見通せるわけではなく、蘇州の園林と同じように、味わいがつきないものだと話すでしょう。相手が違えば、話す内容はすべて異なります。文化的差異は国や民族、宗教間の差異だけでなく、自分を例にとっても、経歴の蓄積や、年齢によって違いがあります。三十歳と五十歳の呉建民は異なる人物で、後の時代の呉建民の方が、以前より「進化」しています。

呉　これは分かりやすい例えです。交流する両者が交流の性質を決定します。今日は七十歳の呉建民が皆さんと交流しているのですね。

趙　さらに付け加えたいことがあります。あるとき、私は某地への講演に招かれました。もともとは政府職員に話をする予定でした。しかし、到着して見回すと、聴衆はすべて現地の企業家で、演台の後ろに書かれたテーマは、「世界に向けて中国を説明する――中国企業はどのように国際化するか」でした。私は現場で内容を調整しなければなりませんでした。そこで私は、企業がいかにして自己を表現し、自己を改造するかという内容を加え、どのように正確に広報活動に対処するか、どのように広報活動に対する表面的な認識を改めるかといった内容も含めました。私はさらに、企業のイノベーションが国際化の必要条件であると話しました。また、方向性を確かにするために、自分の講演時間を減らし、質疑応答の時間を増やしました。

呉　異なる聴衆に対して、質疑応答の時間を増やすのは良い方法です。その効果はどうでしたか。

趙　インタラクティブな対話で、互いに刺激を受け、会場全体が盛り上がりました。

呉　交流は相手をよく見なくてはいけません。博士課程の学生相手なら三つの文で説明できることが、修士課程には六、大学生には十六、高校生には二十六の文が必要になり、大きな違いがあります。当然、教師同士、外交官同士、企業家同士の交流もそれぞれ違ってきます。

呉　アメリカのランド駐中国大使と話をして、アメリカ人がどのように中国大陸と台湾の統一問題を見ているかという話題になったとき、私がリンカーン記念館に掲げられた一節、「In this temple, as in the hearts of the people for whom he saved the Union, the memory of Abraham Lincoln is enshrined forever.（この聖堂に、彼に救われた合衆国の人々の心と同じように、エイブラハム・リンカーンの思い出を永遠に記憶する）」を持ち出すと、彼は笑いました。少なくとも、台湾との統一問題がどれほど私たちの心を占めているか、理解を深めてくれたことでしょう。

呉　外交の場では、どうしたら相手に聞き入れてもらえるでしょうか。難しい外交特有の言葉を駆使しますか。それでは誰も理解してくれません。例えば、私たちはアメリカによる台湾への武器売却に反対です。アメリカ人に対し、台湾は中国の一部分であり、中米共同声明でアメリカもそれを認めたはず、と言っても決して間違いではありません。しかし、そうではなく、南北戦争の際、北方政府は外国が南部に武器を売却することに反対したでしょう、それは南部がアメリカの一部分だからですよね、と言うべきなのです。中国のある大使がこのように発言して以来、アメリカ人がそれを聞くと、一理あると思われるようになりました。これは相手の文化に合わせて説得する方法です。

趙　熟練した技量は長年鍛えられた産物なので、適切な感情の表し方を事前に準備することも、その場で考える過程も必要としません。しかし、会議の席での発言要綱は、事前の準備が必要で、同時にその場で考えて対応することもしなければなりません。綿密な思考がなければ、満足いく水準に達することは難しいでしょう。

呉　学生への講義で、こんな話をしたことがあります。「あなた方が将来、役人になっても、すべて秘書に代理をさせるようではいけません。私は海外にいようと国内にいようと、講演の原稿はすべて自分で書いてきました。国連での発言も自分で書いたものです。これは思考のプロセスであり、このプロセスを経なければ、良い結果を得ることはできないからです」。

趙　自分で手を動かさなければ、能力は退化します。より重要なことに時間を使うために、清書は他人にまかす、というのならまだ理解できます。自分で構想を練らないなんて、それより大事なことがあるとでも言うのでしょうか。

呉　このプロセスはとても面白く、考えることは展開することであり、深く掘り下げることです。自分で考えなければ、深く掘り下げることはできません。ですから、時にはメディアが、まるで借金取りにでもなったかのように、限られた時間で文章を書くよう依頼してきますが、少しも面倒には思いません。これは側面から私に何かを考えさせようと強いるもので、こうしたプレッシャーがあるからこそ考えることができます。自分で原稿を書いたものを、台上で話せば、原稿を読む必要もなくなります。それは自分の頭で考えたものだからです。他の人に書いてもらった原稿を読み上げるのとは、まったく別物になります。

趙　時には、事前に原稿を書き上げておき、現場の状況に応じて調整を加えることもあります。例えば、北京国際倶楽部で、タイムワーナー役員の朝食会に参加したときのことです。私は事前に原稿を準備しましたが、他の人の話からヒントを得て、もともとの原稿を放棄し、あらためて思考を巡らせ、彼らの発言に呼応しました。その結果、とても効果的なものになりました。

呉　原稿を読むか、読まないかの違いは大きいですね。もちろん、一定の状況下では、原稿を読むことが必要になりますが、それも間違いではありません。二〇〇八年九月中旬、私たちは「第四回東京—北京フォーラム」に参加しました。日本人スピーカーの発言で、地方官吏も含め、原稿を読まない人が増えてきたことに気がつきました。

趙　かつての日本人は、原稿をそのまま読む伝統がありましたが、現在は変わりました。また、英語を流暢に操る人も増えてきたので、日本人は英語が苦手というレッテルもなくなるかもしれません。

呉　中国でも同様の変化が起こっています。原稿通りに話すのを止めて、聴衆と直接交流するのは全面的な交流であり、とても効果的です。あなたもご存じの安斎隆先生は、二〇〇五年にあなたを訪ね、「東京―北京フォーラム」の開催にも骨を折っていただきました。フォーラムでは原稿を用意していたようですが、話すときはそれを読みませんでした。私はヨーロッパから日本への飛行中、ずっと何を話そうか考えていました。原稿にはまとめませんでしたが、十五分間で話す内容について、かなりの時間を費やしました。

「理直気和」でなくてはならない

劉楠　先生方、こんにちは。私は上海戯劇学院司会専攻の修士課程です。二〇一二年後半に、日中間で釣魚島事件が起こり、外交部の洪磊報道官に注目が集まりました。インターネット上では、洪磊報道官の回答を聞くと、中国人としての自信が高まるが、他の報道官が話すと、中国人がたいへん不当な立場に置かれているように感じられる、とコメントされていました。そこでお聞きしたいのですが、これまで成功した交流の中で、表現する様子と内容は、それぞれどのくらいの割合を占めていましたか。例えば同じような内容を話しているのに、聴衆をより引きつける人がいる、それはボディランゲージや顔の表情が豊かなことが原因ではないかと思うのですが。

趙　私は芸術専攻の人のように、難しい言葉で自分を分析したことはありません。私はただ、私の態度や表情と、私の思想が一致すれば良いのではないかと思います。私たちはよく、「理直気壮」（筋が通っていて意気盛んである）と言いますが、時には「理直気和」（筋が通っているが気持ちは穏やか）であるべきです。理にかなっているときほど、その道理をはっきりと示すことが必要で、声を張り上げたり、拳を振り上げたりすることで決着はつきません。ただ相手に向かって話すのではなく、世界に向けて発信するのです。二国間の衝突は、第三国、第四国も注目しています。路上で揉めている人をよく見かけますが、注意して観察すると、大声で喚いている人が必ずしも周囲の同情を得ているわけではないことに気づくでしょう。態度が比較的温和で、道理がある人のほうが、かえって勝利を得やすいのです。私たちのように司会専攻でもなく、演技専攻でもない人は、このように細かい分析をしているわけではありませんが、伝えたい内容と目的に動かされ、自然で、適切な態度になるのではないかと思います。私も上海戯劇学院で訓練した方がいいでしょうか。（笑い）

呉　私は外交部で報道官を四年弱務め、二百回近く記者会見を行いました。その役目を終えるとき、ある記者から、「二百回の記者会見の中で、最も満足したのはいつですか」と聞かれ、私は満足したものなどなく、いつも改善の余地があったと答えました。本当に、完璧を求めることに終わりはありません。洪磊報道官は、私が駐オランダ大使だったときに、私の秘書をしてくれました。今回、報道官数人を選考するにあたって、私は試験官の一人となり、受験者は七人いました。面接後、私は、「君たち七人の視線はどれも不合格だ」と言いました。どうしてでしょうか。そのときの責任者は張志軍副部長で、私たち評議委員は一列に座りましたが、受験生の視線はすべて張志軍副部長に向けられ、他の人を見ることはありませんでした。これで合格できるでしょうか。これではいけません。もしあなたの視線が宙を漂っていたら、何かを暗唱しているとしか思われないでしょう。報道官も人間です。人と人との交流では、どんな態度に最も心を動かされると思いますか。自然が一番であり、暗唱はとても不自然に見えます。

外交部の報道局長を務めていたとき、一部の話はたいした価値がないと感じました。誰もが知っている事実をニュースと言えるでしょうか。それなら話す必要はないだろうと、こうした伝統を削除しました。若い人達は効果について考えてみてほしいと思います。あってもなくてもいいような、何の付加価値も生み出さない話は余計であり、省略することが可能です。

「大統領学」があるのだろうか

楊陽　先生方、こんにちは。上海戯劇学院では他大学訪問や交換留学など、たくさんの交流の機会が提供されていますが、司会専攻の学生の場合、海外に同様の専攻が見つからないという問題があります。司会専攻はどうやら中国独特のもののようです。司会専攻は交流学やコミュニケーション学、ジャーナリズム学に通じると言われますが、完全に重なるわけではなく、やはり特殊なものです。そこで、お二人にお伺いしたいのですが、司会専攻の学生はどのように国際的視野を広げ、さらに幅広く、全面的に発展していけばいいのでしょうか。

趙　司会専攻だけでなく、ジャーナリズム専攻やコミュニケーション専攻にも同じような問題がありま す。厳密に言えば、あなたの専攻は独立したものではなく、多くのカリキュラムを統合したものなので、教える側は一つの科目を長々と話すのではなく、関連する科目を数多く開講したほうがいいのです。記者や司会者は、取材対象と対話することが必要で、対話という形式によって仕事が成り立ちます。あなたは多種多様な人と対話することになりますが、どのような資格で相手と対話できるのでしょうか。あなたは少なくとも相手の専門分野の初歩を学び、少しばかり基礎的な知識を持つこと、そうでなければすぐに話が終わってしまうでしょう。

中国人民大学新聞学院の学生には、必ず幅広い知識を持ちなさいと言っています。大学卒業後、経済ニュースの取材や編集に携わるとしたら、あなたは半ば経済学者にならなければなりません。国際問題の取材・編集に関わるなら、半ば国際関係の専門家にならなければなりません。ですから、あなたは最終的に一人分ではなく、一・五人分、つまり記者という以外にさらに半分の専門分野を学ぶ必要があり、そうでなければ成功は望めません。娯楽番組はわりと簡単なようですが、気の利いた言葉を少し言えればいいというわけではなく、そこに止まっていたら、レベルアップは難しいでしょう。大物司会者は例外なく幅広い知識を持ち、さらに得意分野も持っています。ただ滑舌がよく、話題を切り替えられ、起承転結をつけることができたとしても、それだけではとても足りないのです。

私と呉大使には一つエピソードがあります。山東電視台で、「文化を越えた交流」について話し合ったとき、当初予定されていた司会者はこの話題に詳しくありませんでした。そこで司会者を置かず、私たち二人の対談としましたが、最終的にディレクターから編集せず、そのままの形で放送すると言われました。どうしてでしょうか。それは私たちがお互いに理解し合っていたからです。私たちは二人に共通する分野から話しはじめ、それから私が知りたい彼の領域に誘導しました。彼も反対に、自分が不案内な分野を私に尋ねました。二人の息がぴったり合うことで、非常に成功したのです。

司会者がうまく対応できなければ、その場に必要ない人物になる可能性があります。ある司会者は、国際的に著名な建築学者を取材した際、建築に関する自説を語ったばかりか、相手の話に口出ししました。司会者は脇役に徹するべきで、謙虚さと、豊富な知識を身につけなければなりません。あなたの大切な役割は会話の方向を導くことです。

呉　私には二つ提案があります。一つは、国内外の司会者の成功例と失敗例を研究することで、これには学ぶべきことが数多くあります。私や趙さんはこれまで何度も取材を受けて来ました。私はこの方面に関して評論を発表できるほどで、「記者の質問を三つほど受ければ、その人がどれくらい準備をし、どれくらい勉強してきたか推測できる」と言ったことがあります。取材される側はどんなことを好ましいと思うのでしょうか。それは挑戦的な質問です。もともと準備されていた話以外に、良いトピックをいくつか掘り出したとしたら、それが記者の技量というものでしょう。海外の優秀な記者の中には、二つ三つ質問しただけでキーポイントを探し当てる人もいて、どうしたら自然に話してもらえるか考え、時にはあなたが準備していなかった事柄についても、話すヒントを与えてくれます。こんなとき、取材される側は幸せに思い、インスピレーションも閃くのです。司会者がとても優秀で、良い質問ができれば、インスピレーションは次々と湧いてきます。この技量は学習と修練によって身につくものです。あなた方の中には焦って、将来どんな問題に出会っても解決できるような奥の手を学びたいと思う人もいますが、そんなものを信じてはいけません。状況は毎回違うのに、どんな奥の手が使えるというのでしょう。これが私の一つ目の提案です。

二つ目に、司会者が人の心を動かすのは思想であり、決まり文句ではありません。一つの事柄を一つの思想にまとめられたら、たとえそれが短い一文であっても、人の心を動かします。中国の優れた司会者、例えば白岩松氏は、どうして人気があるのでしょうか。彼には思想があり、周囲からも自分の意見を持った人と見られるからです。思想は時間をかけて努力することで生まれます。それから、あなたにお願いしたいのですが、これまでどんなことが上手にできたと思いますか。また、どんなことを失敗したと思うのか、例を挙げて説明してもらえませんか。

趙　ああ、すいません、ちょっと一言いいですか。私がフランスを訪問した時、フランス語とドイツ語両方に堪能な司会者から取材を受けました。彼は午前中に、ホテルにやってきて、夜の取材テーマは私を通じて現在の中国に関する認識を深めることだと言いました。彼が質問したいことはおおよそ次のようなことでした。第一に、「一九四九年に中国革命が成功した時、あなたは何をしていましたか」。第二に、「一生のうちで、あなたが最も辛かった時期と最も嬉しかった時期はいつですか」。第三に、「フランスに対する印象を教えてください」。そして、「今は答えないでください。私の質問もこれがすべてではありません。他にもいくつか用意してあります。もし今、それについて話し出すと、夜の取材の際、あなたは頭の中で午前中に話したことを思い出し、それを暗唱するような感じになるでしょう」と言いました。ついでに言うと、彼らの局の設備は中国の地方局にも及ばず、非常に貧弱なものでしたが、司会者やスタッフの仕事ぶりは素晴らしく、プロフェッショナルでした。こうした仕事ぶりは現場の技巧にあるのではなく、またしゃれた言い回しにあるのでもなく、堅実な積み重ねの上にあるのです。ビール瓶のように、栓を抜いたらすべての泡が出ていってしまうようでは、あなたの才能もそこまでです。生半可な知識を振り回し、それらしい雰囲気を出すだけでは駄目で、ですからあなたは一生懸命学び、真剣に取り組まなければなりません。

私はかつて、ニュースは独立した学問とは言えないのではないか、と発言したことがあります。大手の新聞機関で言ったのですが、その場にいた記者や編集者たちの顔に怒りの色が見えたようでした。私は、「ちょっと比較してみましょう。大統領学はありますか。大統領学はありません。でも、簡単に大統領になれるものでしょうか」と言うと、みんな笑いました。司会者を一つの専門分野とすることもいいでしょう、しかし、本当に司会者学というものがあるのでしょうか。それは理論、システム、ロジックを形成できますか。法則はありますか。それが教えてくれるのは経験です。大統領学があるかどうか考えてみてください。議員学はどうですか。市長学や県長学はどうでしょうか。大統領になるのも、議員になるのも大変です。そうだ、書記学はどうでしょうか。

呉　先ほどの方、司会専攻の学生として、あなたにはどんな成功例や失敗例があるか、私に教えていただけますか。

楊陽　私にはまだこれといって司会の経験はないので、教室内の出来事について話をさせてください。それは司会専攻ならではのカリキュラムで、各学生が自分の好きな番組を選び、その番組について全体的に評価し、学生同士で互いに講評するという内容でした。同級生の中に済南市出身の女性がいて、彼女が私の発言に対してコメントしたとき、私はこのように返しました。「君は古典的で、おとなしくて、博学だから、私たちは同じ済南出身の夏紫微［中国の人気ドラマ『還珠格格』の登場人物］のことは忘れてしまっても、きっと君のことは覚えていると思うよ」。こうした軽口は、教室内の雰囲気を活発にできたと思っています。

第四章
公共外交の幕開け

かつては、世界で大きな変化が起きていても、中国は傍観者のような存在だった。しかし、世界が劇的に変化する現在、中国はもはやその一員となった。そのため、世界の変化は中国に影響し、中国の変化も世界に影響する。中国は国際舞台の端役から中心的存在へと歩みを進め、国際問題に対する影響力が次第に高まると同時に、理性的に世界とコミュニケーションすることが重要となった。公共外交とは、公衆も自覚をもって真実の中国を発信していくことである。

客は主人に従い、主人は客に従う

趙　私はあるとき気づいたのですが、外国語に堪能な人でも、交流において誤解を生じさせてしまうことがあります。交流は言葉の問題だけでなく、文化の問題にも関わります。国ごとに文化が違うだけでなく、中国の場合、省ごとの文化も異なります。中国人同士であっても、交流の中で問題が起こることがあります。

呉　言葉が堪能なことと、相手の文化を理解することは同じではありません。言葉が話せて、本もたくさん読んでいれば、相手の文化をよりよく理解することができ、交流もスムーズに進みます。

趙　言葉のコミュニケーションだけでは足りず、文化を越えた交流が必要、と言うこともできますね。中国の国土は広く、各地にそれぞれの方言があり、文化があり、一般に方言の差異が大きいほど、地理的な文化の差異も大きくなります。北方の各地域の文化的差異は、南方の各地域の文化的差異と比べると、それほど大きくありません。中国の南方と北方の文化的差異は、生活スタイルに明確に表れます。一九七五年に、私が上海へ異動して間もないころ、同僚と一緒に食事したのに、勘定をすべて私が払うことができず、割り勘にしなくてはならなかったのですが、北方出身者としてこのやり方にはなじめませんでした。どちらがいいとか、悪いとかの問題ではなく、これは地域的な文化の違いです。

呉　言葉は文化の媒体であり、一般に、ある国の言葉に精通すれば、その国の文化にも詳しくなるものです。私はフランス語で講演の原稿を書くときと、中国語で書くときとでは、まったく違ったスタイルになります。あなたが言ったように、中国では地方によって方言が異なり、文化もまた異なります。広東を例にとると、広府文化、客家文化、潮汕文化には違いがあり、三つの地域の方言もまた異なります。客家文化は学問や教育を重んじ、商売に携わることを軽視します。誰かが大学に合格すれば、村人総出でお祝いしますが、誰かがお金を稼いで故郷へ戻っても、周囲から軽蔑されるため、財産を隠そうとします。一方で、広府文化は商売を重視します。

趙　私は北京と上海でそれぞれ数十年生活しましたが、二つの地方のユーモア感覚は同じではありません。上海では優れた相声［漫才］は生まれず、喜劇が好まれますが、上海で長年暮らし、上海語が分かる私のような北方人であっても面白いとは思えなくて、ユーモア感覚の差がこれほど大きいということに驚かされます。ある都会人が農村へ行き、老人に「洗手間（お手洗い）」の場所を尋ねたら、老人に、「洗面器ならあるが、手を洗う部屋なんてないよ」と言われたそうです。実際に、これが農村文化と都市文化との違いです。中国人同士でもこのような誤解が生じるのですから、外国人と中国人の間に誤解が生じるのも、まったく不思議ではありません。

呉　あなたが出された例は内容が深く、しかも分かりやすい。私たちが外国人と付き合うとき、文化的差異は常に表に出てくるものです。例えば、中国人はたいへん熱心に客をもてなしますが、それを押しつけがましいと思われてしまうときもあります。酒を勧めるときの文化は、中国とヨーロッパで大きく異なります。中国人は食事中に、立ち上がって一人ずつ酒を勧め、その人が隣の人と話をしていてもお構いなしです。中国人はこれをまったく気にしませんが、外国人には受け入れがたいことです。また乾杯では、中国人は必ず杯を空にし、酒をすべて飲み干しますが、フランス人は無理をせず、杯を軽く持ち上げるだけで、必ずぶつけるわけでもありません。良い酒を飲むとき、フランス人は杯を持ち上げて軽く揺らし、その香りを味わい、色を眺め、それからゆっくりと口に入れ、さらに「口に含んだ感じがビロードのようだ」というような言葉を駆使して形容します。中国人はそれほど味にはこだわらず、必ず酒を飲み干さなければなりませんが、それは好意と友情を示すためです。

趙　どうしてこのような違いがあるのか、少し解釈してみたいと思います。中国では、一般に、酒をたくさん飲める人は才人か英雄と言われています。「李白斗酒詩百篇（李白は一斗の酒を飲みながら百篇の詩を作る）」や「武松三椀能打虎（武松は三杯の酒を飲んで虎を打ち負かす）」というようなもので、ですから、あなたにもっと多くの酒を勧めることは、あなたを英雄と見なしているということなのです。さらに「酒逢知己千杯少（酒は知己と飲めば千杯でも少ない）」のように、乾杯はお互いが知己、つまり理解し合っているということです。しかし、ヨーロッパ人に同じことをすると、酒を飲むように強要された、と思われるかもしれません。日本人と韓国人は、中国人と少し似ているところがあり、やはり酒豪を褒め称えます。ですから、私たちが文化的差異について考えるときは、単純に中国と外国との違いを語るのではなく、中国とフランスの違い、中国と日本の違い、中国と韓国の違い……というように区別しなければなりません。中国各地や世界各国の人々と広く接する機会がないと、この種の誤解は免れません。あなたはどのように誤解を避けられると思いますか。

呉　最も大切なのは、己を知り、相手を知ることだと思います。例えば客をもてなす場合は、周総理の名言で「客は主人に従い、主人は客に従う」というのがあります。私が他の人のところへ客として招かれたら、その人のもてなしを尊重します。反対に、他の人が私のところへ来たら、その人の風俗習慣に配慮する、すべては謙虚な姿勢から成し得るものです。周総理は中国のために多くの友人と交わりを結びました。アフリカを二度訪問し、いずれも滞在時間は短かったものの、アフリカの友人たちは今でも周総理を慕っています。これはたまたま起こったことではなく、周総理の文化や教養と深い関係があります。双方の文化には違いがあり、私たちはこの違いを尊重しなければなりません。

趙　教育の普及について言えば、中国の普通の中学生の常用語彙が六千語で、ある国の中学生の常用語彙もまた六千語だとしても、この二つの語彙リストは同じではなく、とりわけ感情の描写や、相対的、抽象的概念を説明する語句は完全に対応するのが難しいものです。しかし、互いの交流の中で、こういた差異は見落とされやすく、正確な対話ができないという問題を引き起こすおそれがあります。

呉　そうですね。相手を理解することは、どうしても限界があるものなので、客は主人に従い、主人は客に従い、できるだけ相手を理解し、尊重することです。人は相手の話を聞いても、自分の視点から理解してしまうことが往々にしてあります。それは自分の文化基盤や、生まれ育った環境、言語体系から抜け出せないためで、そのため面倒が生じやすいのです。

趙　西洋諸国では、女性が優先されることが多いのですが、中国では必ず年長者が優先ですよね。

呉　高官が優先される、ということもありますよ。

趙　高官が優先されるのは、どんな場合かによりますね。例えば重要な儀式の場だったら、非難されることはないでしょう。一般に、私は年長者を優先することに賛成します。エレベーターや自動車に乗る時、中国と西洋諸国では違いがあります。どちらがいいとか悪いとかの話ではなく、文化の伝承が異なるのです。周総理は相手を主とすると言いましたが、これはまさに寛容さを表すものです。

呉　それは一種の教養の表れです。周総理は交流というものをよく分かっていて、中国と世界の大衆にこれほど深い印象を残したのも、決して偶然ではありません。

趙　重要な政治的対話や商談においては、各国それぞれの原則があり、礼儀作法のように簡単に譲歩できるものではありません。例えば周総理は、バンドン会議など多くの席で、発展途上国と先進国は平等であり、発展途上国は尊重されなければならないと主張し、これらの原則問題で譲歩することはありませんでした。私たちも友人との付き合いの中で、譲り合うところと、原則を堅持しなければならない場合がありますね。

呉　そうですね。しかし、これには二つのカテゴリーがあると思います。第一に、客をもてなす際、中国人は客人に喜んでもらえるよう手厚く迎えますが、これは周総理が言う「主人は客に従う」ということです。人と人の間には距離があるもので、中国人同士でも距離があります。最良の交流効果を得たいなら、相手を尊重しなければなりません。これが一つのカテゴリーです。一方、バンドン会議では、各国がそれぞれの主張を展開し、議論が白熱しました。周総理は当然のことながら中国の見解を述べましたが、彼は各国の共通点や特長をまとめ、誰もが受け入れられる主張を提起しました。これがもう一つのカテゴリーです。

趙　周総理は「求同存異」（共通点を求め、相異点を保留する）の外交方針、つまり中国代表団がバンドン会議へ来たのは、口論をするためではなく、共通点を求めるため、各国の共同利益のためと提起したのですよね。

呉　そうです。これが会議の方向性を決定しました。当時の背景として、第二次世界大戦が終息してからいくらもたっておらず、人類は戦時の激しい闘争を経験し、多くの見解の相違が会議で表面化しました。共通点を求めて、違いを残すことで、各国の共同利益をはかることができたのです。

ネジャド　皆さん、こんにちは。私はイランから留学に来たペルシャ人で、上海戯劇学院放送司会専攻の修士課程です。同時に、上海東方衛視外国語放送の司会も務めています。他の司会者はみな、「毒入り粉ミルク事件」(注9)や「河北大学ひき逃げ事件」(注10)のような中国の好ましくない現象を風刺できますが、ディレクターは私が外国人のため、発言に気をつけるべきと、私にはそれを許しません。私は中国で育ったため、中国には特別の思い入れを持っています。どうやってディレクターとコミュニケーションをとったらいいのでしょうか。また、中国で、私はどのように他人との距離を縮めていけばよいのでしょうか。

呉　まず二番目の質問からお答えします。どうやって他人との距離を縮めるのかについては、まず相手がどのような人かを考えます。初対面の相手には、ひと声かけるだけでいいでしょう。よく知っている相手なら、常に連絡をとり、雨が降ったら傘を渡すなど、相手を気にかけていれば、きっと心の中で感謝されることでしょう。人と人とのコミュニケーションは相手の身になって考え、相手の気持ちを思い

9　毒入り粉ミルク事件　二〇〇八年に、メラミンが混入された粉ミルクや乳製品が多数摘発され、中国で大きな社会問題となった。

10　河北大学ひき逃げ事件　二〇一一年、河北大学構内で飲酒運転中の青年による、ひき逃げ事件が発生。容疑者が拘束時に、「自分の父親は李鋼（地元公安局副局長）だ」と叫んだことから、大きな社会的反響を呼んだ。

やることが必要です。人種が違っていても、相手の身になって考えれば、互いの距離を縮めることができます。

最初の質問については、社会は進歩し続けていますが、現時点で外国人が中国の好ましくない現象を批判することに、ディレクターが賛成しないのは、外国人がこんな発言をしたと視聴者に誤解させないため、あなたを守るためではないかと思います。外国人が話す内容が良いことであっても悪いことであっても、私たちは寛大に耳を傾けなければなりません。良い話であっても過剰に喜ぶのではなく、悪い話であっても過度に悲しむのではなく、その言葉に含まれているものを吸収すればいいのです。

銭超　皆さん、こんにちは。私は復旦大学国際政治関係専攻で、一九九〇年生まれです。これまで五回ほど外国へ行き、直近では二〇一二年にアメリカで半年間の交流プロジェクトに参加しましたが、多くの点で中国と外国の文化が違うことがはっきりと分かりました。帰国後、自分はあまりにも慣習にとらわれ、保守的だったのではないか、もう少し現地のやり方に従い、週末にもっと多くのアメリカ人の友人とパーティに参加したら、半年間の生活をさらに豊かに過ごせたのではないかと考えました。同級生の中には、おそらく海外の滞在期間がさらに長かったためか、真面目で勤勉という中国人の好ましい資質に加え、開放的で率直という海外の資質をあわせ持つ人もいます。異なる特性を持つ者同士で対立や衝突が起こることもありますが、では、こうしたアイデンティティ上の対立をどのように処理したらいいのでしょうか。言い換えれば、「郷に入っては郷に従え」と「本来の姿を保つ」のバランスをどのように処理したらいいのでしょうか。よろしくお願いします。

呉　実際のところ、いわゆるアイデンティティとは、各国、各民族ともそれぞれの文化特性を持っているもので、他と違うからといって、必ずしも衝突を招くものではありません。では、どうして衝突が起こるのでしょうか。仮に片方が、自分は絶対的に正しく、相手が自分に学ばないのは間違っていると考えたら、これは衝突を招くことになります。私は国際会議に参加し、アメリカ人と話をする中で、彼らは自分の意見を周囲が聞き入れ、従ってほしいと思っていることに気がつきました。我々中国人は、これを無理な注文だと感じます。中国人は二千年以上前に「和して同ぜず」という道理を学びました。この世界は多様性があります。あなたは差異をなくすことができますか。全世界をあなたに従わせることができるでしょうか。それは不可能です。

現在、中国人はソフトパワーを重視し、アメリカ人もまたソフトパワーを重視しています。友人の一人にアメリカ人の教授がいて、いつも話が盛り上がるのですが、私は彼に語りました。「あなたの言うソフトパワーと、私たちの言うソフトパワーは同一ではありません。アメリカのソフトパワーは相手を変えようとしますが、中国のソフトパワーは相手を変える必要がありません」。それぞれの国にそれぞれの特色がありますが、それは必ずしも衝突を招くわけではなく、大事なのはあなたがどんな態度をとるかです。一部の中国人が傲慢になって、他国を威圧し、自分たちと同じように振る舞うこと、中国人の意見を受け入れることを要求したら、衝突を招くのはあきらかです。あなたが柔軟になり、現地のやり方に従うのならば、状況はまったく違ってくるでしょう。

世界に進出するときも、従来の習慣を維持することができます。他の人の妨害さえしなければ、問題はありません。しかし、行動するときに、相手の風俗習慣を含め、相手を尊重することに注意を払わなければいけません。特に虐げられてきた民族は、この点に敏感です。中国は大国であり、少しでも不注意があれば、ちょっと視線を送っただけでも他人を傷つけてしまう恐れがあります。一部の中国人が、自分たちのことを聡明と思い込み、アフリカ諸国の人たちと話をするときに、内輪話を始めたのを見たことがあります。中国語で話せば分からないだろうと、アフリカ人はあれがだめ、これが良くないと言い立てていました。実際は、言葉が分からなくとも、話している時の眼差しを見ただけで、相手に悪口を言われていることは分かるものです。これは感覚で察することができます。

趙　そんなに若いのに、五度も海外へ行ったことがあるなんて、羨ましいものです。私は一九五八年に高校を卒業しましたが、そのころは外国と言えばソ連のことで、外国の歌と言えばソ連の歌を指しました。フルシチョフの反中国政策によって、中国は一九五六年にソ連への留学生派遣を停止しました。そのため、私たちには海外留学の機会がありませんでした。私が初めて海外へ行ったのは一九八一年のことです。そのころ私はエンジニアで、技術分野の人間としては、わりと早く海外へ行けた方だと思います。

アイデンティティについて話がでましたが、それは何を指すのでしょうか。あなたは外国の知識を学ぶことができ、外国のパーティなどを楽しむこともできますが、それでも中国人ということに変わりはありません。どうして周囲はあなたのことを中国人と思うのでしょうか。日本人、中国人、韓国人は見た目が似ています。外国人があなたのことを中国人と思うのは、文化が影響しているのです。中国の人口は十三億人ですが、そのうちの何人かを知っていたら、その知り合いたちが彼らの思う中国の姿になります。ある外国人にとっては、あなたが中国人の定義になります。ですから、皆さん、この点を頭に入れておくと、中国人としての自覚が生まれてきます。私たち中国人にはどんな優れた伝統がありますかか。どんなところが私たち中国人の長所でしょうか。それらはあなたの言動から自然と表れてくるはずです。

二　文化が思想を決定づけ、思想が行動に影響する

趙　中国と外国の文化の違いは至るところで見受けられますが、文化的な違いで一番注意しなければならないことは何でしょう。表面的なものもあれば、深層的なものもあると思いますが。

呉　よく見られるのは、思考方法や表現方法の違いで、必ずしも価値観に関わるものではありません。価値観の違いはすぐに解消できるものではなく、長い時間がかかります。一方で、私たちの交流の目的は相手の価値観を変えることではなく、双方が交流を通じて、互いに利益を得ることです。文化を越えた交流では、互いに相手の文化を理解すれば、交流の妨げとなるものを減らすことができます。例を挙げると、一九八九年に、私がベルギー大使館の代理公使を務めていたとき、中国企業とベルギーの某著名製薬企業が提携協議を行っていました。後の「西安楊森(西安ヤンセン)」です。幾多の困難を乗り越え、契約書を交わすばかりになったとき、ベルギー側が、将来契約解除する場合の処理方法について追加条項が必要だと言ってきました。中国側としては、これから契約しようとするときに、解散するときの話し合いが必要だなどと、ベルギー人は誠意がないと思いました。しかし、外国人からすると、契約締結の際に解散メカニズムについて話し合うのは当たり前で、ごく普通のことと思うようです。

趙　一九八〇年代の中国には、清算手続きに関わる法律がなく、企業活動を終了する際に、どのように

財産を処分すればいいか分かりませんでした。改革開放初期、外資系企業との合弁協議にあたっては、よくこのような問題にぶつかりました。私も浦東新区開発で何度も経験しましたが、当時は「法律の不備は契約で補う」という方法で対処しました。

呉 これこそ文化的な違いです。ベルギー人は物事を綿密に考えます。今日は両者がうまくいっていても、いつの日か別れを選ぶ可能性はあります。企業にも倒産するおそれがあり、事前にどう対処するかを話し合っておかなければなりません。

趙 文化面での深層的な違いについて言えば、価値観や人生観にも、このような現状があります。中国や日本、アジアの一部の国々では、最大限の努力を仕事に注がなければ、人生の意義が薄くなると考えます。人生は仕事の成果を挙げるために努力奮闘するもので、決して怠けてはならず、生活より仕事が優先されます。しかし、スペインやイタリアのようなヨーロッパの一部の国々では、人生は楽しむものであり、それほど忙しく仕事をしたり、躍起になって努力したりする必要はなく、仕事より生活が優先です。これが価値観の違いということになります。

呉 中国では、仕事で成功しなければならない、業績をあげられなければ安定した地位を得られず、うまく対処できなければ首になってしまうが、その一方で生活面も追求したいという人が増えましたね。

趙 両方を求めるということですね。最も合理的に見えますが、私の若いころは、生活に対する要求はそれほどありませんでした。

呉 成功した人は両方とも手にすることが多いですね。特にヨーロッパ人は、仕事上では成果をあげ、休暇になればしっかり遊びます。アジア人は休暇を重視しないことがありますが、ヨーロッパ人は休暇の予定を決して変更しません。西洋で、イースターやハロウィン、クリスマスの時期に仕事をするのは難しく、ヨーロッパ人はどちらかというと休息の時間を設けることを大切にします。私も徐々に実感するようになったのですが、年をとってから長い間一つの仕事に集中したり、同じことを繰り返したり、あるいはいつも一つの問題を考えたりしていると、視野が狭くなってしまいます。そこから抜け出し、休息時間に本を読んだり、友人と世間話をしたりするうちに、目の前の問題への対応策が閃くかもしれません。

趙　事前に十分な準備をしておけば、仕事が遅れることはありません。忙しい日々の中で時間を見つけ出すのも一つの生活方法です。ヨーロッパには、日本で言われる「過労死」はありますか。

呉　ありますが、とても少ないです。

趙　そうですね。私たちは仕事や成功に重点を置きすぎて、しっかりとした休暇をとっていないようです。年もとったことだし、改めたいと思ってはいるのですが、長年の習性が強くて難しい。今日だって、日曜日に働いていることになりますよね。

呉　私は小さいころから、部屋でじっとしていることが苦手で、母からはお尻がむずむずして、座っていられないみたいだ、と言われていました。ずっと部屋に座って考えていても、いいアイディアは生まれてこないので、外を走り回り、体を動かして、外の世界と触れ合ったほうがいいと思います。私たちが日曜日でも働くのは、おそらく二人に共通点があるからでしょう。私の方がより行動的で、あなたの方がより勤勉だという違いはありますが。

趙　習慣は自然にできあがるので、年をとってから改めようとしても難しいものです。

呉　私は日々何かをすることが大切だと思っています。

趙　私は時々、夜になると、今日はどんな収穫があったかを考えます。本の中の一節を実践できただろうか、友人の誰かが言ったことに刺激を受けただろうか、もしそのどちらもなければ、その日を無駄に過ごしたのではないかと感じてしまいます。実際には、休息や散歩、水泳といったものも無駄ではありません。私は自分の思考習慣を改める必要があります。いつもやりかけの仕事があると思い、自分に過酷な要求をしているのかもしれません。

呉　私は時間ができると、いつも泳ぎに行きます。出張から戻った夜、時刻は八時半を示していましたが、それでも三十五分ほど泳ぎに行き、それから家で休んだこともあります。

趙　あなたを見習わなければなりませんね。

呉　これは二人に共通している点だと思いますが、人と話すとき、相手の優れた考えを聞くと、興奮してきます。すべて無駄話では、意味がないと考え、何かの話をしようと試みます。仕事に限らず、思想についてだったり、課題に対する認識を深めたり、新しい見解や新しい情報を得られることができれば、収穫があったと思うでしょう。

趙　私は友人から新しい情報や新しい喜びをもらえることを期待しています。

呉　同じ世代の人に限らず、どんな相手からも、何かしら啓発されることがあります。南方の開発区へ出張した際に、三十七歳の開発区常務副主任から聞いた話ですが、集会などで前三列に指導者が勢ぞろいし、かしこまって座り、演説に何の反応も示さないようでは、相互作用は生まれず、まったく盛り上がりません。彼は、そのような時は若者を前に座らせ、指導者たちは後ろに座った方が、効果が見込めると言うのです。彼の話は説得力があり、有意義でした。

趙　私は自分のことを努力家だと思っているのですが、何か分からないことがあると、関連する書籍やインターネットにあたるか、友人に教えてもらいます。答えが見つからなければ、常に心に引っ掛かった状態になります。一度手に持ったものを手放せない、これは私の良くないところです。

呉　外交部で報道局局長とスポークスマンを兼任していたとき、公布部と調査研究部を管轄していました。調査研究は国際事情の理解を深めるのに役立ちます。スポークスマンが研究を土台とした発言をしなければ、底が浅く、熟考に耐えないものになるかもしれません。私は自分で文章を起草し、修正しました。だいたい日曜日は、オフィスで文章に手を入れており、そのころの休みは週に一日だけでした。妻からは、日曜日も家にいないなんて、とよく怒られました。理解があいまいだった問題が、はっきり頭の中で整理できると、嬉しくなります。一時的に分からないことがあれば、少し時間を置くことで、徐々に資料が集まり、分かるようになってきます。

趙　私はどこのポストに行っても、調査研究室を直接担当します。毛主席は、「調査なくして、発言権なし」と言いました。調査研究は広義の交流であり、より深い交流です。誰を調査するのか、何を研究するのか、調査研究の対象は数多くあり、交流する相手とテーマを慎重に選択しなければなりません。毛主席は調査研究を提唱すると同時に、交流も提唱し、多数の戦士や農民と交流しました。主席はさまざまな分野の意見や要望に耳を傾け、その親しみやすさによって、容易に効果的な交流を行うことができました。

呉　あなたが話した調査研究というのは、情報を収集するプロセスです。国際情勢に対する認識や、毎日受け取る大量の情報は、それらの情報の中から糸口を見出すプロセスなのです。報道局で調査研究をしていた時は、資料がたくさんあったので、その中から糸口を見つけ出すには、要点を素早くつかむことが必要でした。勝手な憶測で分析することはできません。その後の情勢が予測通りに発展したか、時間をかけて検証する必要があり、予測通りでなければ、分析は間違っていたということになります。

孫婷　皆さん、こんにちは。私は華東師範大学国際政治専攻の修士課程二年生です。これまで人と人との交流に関する質問がたくさん出ましたが、私は人と社会の交流に関する質問を二つお伺いしたいと思います。まず、私はいま二十歳を過ぎ、私たちの未来は明るいと思っていますが、良くないニュースが伝わってくることもあります。二〇一二年十二月十二日に、アメリカで銃撃事件があり、中国国内でも校内での傷害事件がありました。しかし、当日夜のニュース番組では、アメリカの銃撃事件を大きく取り上げる一方で、国内の傷害事件については一言も触れられず、私は微博（ウェイボー）でこのニュースについて知りました。このような扱いの違いについてはどのように思われますか。

二つ目の問題は、インターネットの規制についてです。一時期はだいぶ自由化されましたが、その後、オバマ大統領のあるサイト上に中国人からのコメントが殺到し、それも「一番乗り」「二番目」「自分も」などという少しも建設的でない言葉ばかりが並んだため、また規制されました。私の考えでは、インターネットが解禁されてしばらくは、こういう現象が起こるのも仕方がなく、時間が経てば解決する問題だと思っています。つまり、すぐにインターネットを規制してしまうのは、大衆を信用していないということにならないでしょうか。

趙　メディアは外国の子供にも、中国の子供にも同じように関心を寄せるべきで、配慮ある、速やかな報道をしなければなりません。報道の目的は、こうした社会現象があったと人々に伝えることであり、社会の関心を集め、この種の事件が再度起こらないように一致協力を呼びかける必要があります。この問題は改善されなければなりません。

インターネットの問題は少し複雑で、私は一九九七年初めに、インターネットを使いはじめました。そのころの中国には、まだいくらもウェブサイトがなく、規制するもなにもなかったですし、私の目的も技術的なサイトばかりで、簡単にアクセスすることができました。当時、「ネットに国境はない」「ネットにコンテンツ管理はない」「ネットに一括管理する国際機関はない」という言葉が流行していました。発展した現在では、状況が異なります。インターネットは一種の手段になりました。クリントン氏は、「アメリカの価値観は皆さんにかかっています。インターネットは大変パワーがあるものです」と公言したことがあります。アメリカのオルブライト元国務長官は、「中国はインターネットを拒絶することはできません。それならば、アメリカにも方法があります」と言いました。彼らはインターネットによって中国人が影響を受けることを期待していて、それには私たちも何らかの対応をしなければなりません。インターネットに扇動された、一部の悪質な事件が起こっています。彼らは特に私たちの民族問題に火をつけるので、私たちは対外ネットワークにある程度制限をかける必要が出てくるのです。中国を批判するのは問題ありませんが、挑発はいけません。ですから、これは中国だけの問題ではなく、彼らも改革の必要があります。それに、現在はインターネットを利用した犯罪行為が多く、国境を越えた犯罪行為も多くなり、管理することが必要です。私たちの「開心網」や「人人網」等のサイト数は膨れ上がり、内容も大変豊富で、現在流行中の微博も多くの利用者を集めています。微博の中には、文章力の優れたものもあります。

先ほどのコメントについては、確かに困った問題です。アクセスしてすぐに、「一番乗り」「二番目」などと書き込むのは、とても国際的なネットユーザーのレベルとは言えず、また何の意味もなしません。外国のウェブサイトを大量に調査したことがありますが、そんな現象は見られませんでした。彼らはコメント欄にかなり長い文章を残し、何らかの意見を述べ、マナーもわきまえています。ですから、私たちはネット文化という点で改善が必要とされています。

公共外交の由来

王岩　皆さん、こんにちは。私は上海理工大学出版印刷技術設計学院の二〇一〇年入学の編集出版学専攻で、九〇年代生まれです。改革開放が進むにつれて、中国を訪れる外国人の数が増えていますが、彼らの中国に対する理解はそれほど深くありません。特に中国の少数民族問題については、外国のメディアも、人々も、かなり曲解しているようです。趙主任は、世界へ飛び出す中国人は外国人に中国を説明しなければならない、と言っていますが、一般人やメディアはどのように中国を紹介すればいいのでしょうか。また、中国の対外文化交流の中で、政府は主に孔子学院を通じて中国の文化や芸術を広めようとしていますが、民衆外交や公共外交の力はそれほど大きくありません。民衆の力を通じて中国の文化を広め、中国文化の世界への影響力を拡大するにはどのようにしたらいいのでしょうか。よろしくお願いします。

趙　「公共外交」という非常に重要なテーマが提示されました。せっかくこの言葉が出てきたので、少し時間を使って、この概念についてお話させてもらいましょう。「公共外交」(Public Diplomacy)という言葉が登場してから、だいぶ時間が流れ、アメリカでは南カリフォルニア大学のジャーナリズム大学院など、大学の講義でも取り上げられるようになりました。時に「公衆外交」と翻訳されることもあります。今年初め、イギリス上院と中国全国政治協商会議外事委員会がロンドン上院の会議室で協議し、午前中は中英関係における公共外交の役割について、午後は中英経済協力におけるクリエイティブ産業の役割について話し合いました。彼らに言わせれば、「公共外交」という言葉はアメリカ人が最初に使ったのではなく、十七世紀の英タイムズ紙ですでに使われていたということです。現在では、大多数の国家、特に先進諸国が、ますます公共外交を重視するようになっています。「公共外交」の最初の定義は、政府が設計・出資し、外国の一般大衆に自国の文化、社会、政治、立場を伝える活動でした。実際には一種の対外宣伝であり、政府が主導する、イギリスのＢＢＣ、中国のＣＣＴＶ(中国中央電視台)やＣＲＩ(中国国際放送)が例として挙げられます。経済のグローバル化によって各国の結びつきが強化され、中国の国際的信望や対外関係に大きな関心が集まるようになりました。これは本国の利益に影響し、ひいてはあなた個人の利益にも影響を与えます。仮に外国との貿易に問題が発生した場合、中国の輸出が直ちに減少し、大量の労働者や技術者が失業するかもしれません。あなた方は知らないかもしれませんが、中国沿海部では二千万人が紡績業に携わり、そのうち半分は輸出産業で、つまり一千万人の仕事が輸出に依存していることになります。もし輸出量が十分の一減れば、それは百万人が失業することを意味します。ですから、中国の一般大衆も中国の国際的地位に関心を持ち、自ら中国を発信しようと思っても不思議ではありません。

公共外交の主体は誰でしょうか。一つは政府で、例えば孔子学院は政府が提唱した公共外交です。しかし政府の主な役割は政府間外交で、各国政府との付き合いになります。公共外交は権限を授けるものではなく、自発的なものです。外国人と接する機会のある人なら、誰もが公共外交の責任があります。一般大衆も対外的に中国を伝える一種の責任を負いますが、すべての人にスポークスマンのような重大な問題についての発言を求めているわけではなく、外国人と交流する中で、自分たちのことを随時話題にしてほしいのです。例えば、あなたの出版専攻についてとか、先生に何を教えてもらったか、あるいはあなた個人の意見についてでもいいでしょう。相手がそれを聞いて、中国の高等教育を理解し、中国が文化事業を重視していると思ってくれたら、それで十分です。もし何か質問されたら、あなたが知っている限りのことを話してあげれば、それでいいのです。例えばチベット問題について聞かれたら、行ったことがあるかどうかを話し、「チベットの同級生はとても可愛くて、私のクラスにも一人います。チベット少数民族の同胞との間には何の隔たりもありません」というようなことを言えばいいのです。どのように中国を伝えたらいいのでしょうか。あなたの身の回りのことが、すなわち中国の話になります。皆さんは外交家ではありませんが、外交に関わるのは光栄で、誇りに思えることです。特に皆さんは高等教育を受けているので、同年代の人の中で、世界に向けて中国を説明する機会が多くあります。こういった機会は非常に貴重です。ですから、あなた方の発信はさらに正確で、生き生きとしたものでなければなりません。

毎年、たくさんの人が外国へ出掛けます。公共外交の概念がない人でも、実質的にその役割を担うこともあり、それが適切に行われなければ、マイナスの公共外交ということになります。多くの学生が日本人を好きではないと言いますが、ヨーロッパで毎年行われる「最も歓迎される外国人旅行客」の調査では、いつも日本人が第一位になります。彼らは礼儀正しく、きれい好きで、むやみにゴミを捨てず、行列に割り込むこともありません。残念なことに、中国人は飛行機の中で口げんかを始めたり、品物を買い漁ったり、周囲に良くない印象を与えています。中国人はどうしてこんなに贅沢で、無駄遣いをするのでしょうか。まるで成金のようで、表面的には得意客として歓迎されても、心の中では決して尊敬されません。これは中国人や中国の信望に影響します。私はこれを「マイナスの公共外交」と呼んでいます。公共外交の範疇を、ここまで簡単に説明してきました。

呉大使は公共外交に関するエピソードをたくさん持っていて、先日出版されたばかりの『公共外交札記』（公共外交メモ、呉建民著、中国人民大学出版社、二〇一二年）など、いくつかの著書で言及しています。これほど長い間、彼は主に政府間外交に携わり、各国政府と付き合い、交渉・協議し、コンセンサスを得て、公告・宣言を発表し、交渉がまとまらなければ一時棚上げし、時には大使を召還して不満を示しました。これが政府間外交です。一般大衆である私たちはこのようにできません。公共外交に政府間外交を加えると、中国の総合的な外交になります。私はここまで概要を話しましたが、具体的な生きた事例については、呉大使から説明してもらいましょう。

呉　紹介ありがとうございます。公共外交については、趙さんが上手に話してくれました。公共外交は現代の産物で、イギリス人によると十七世紀にこの言葉が登場したということです。しかし、現在使われている意味で用いたのはアメリカ人で、一九六〇年代のことです。どうしてこの時代に、アメリカ人が提唱しはじめたのでしょうか。戦後、アメリカの国際的地位が上昇し、全世界でさまざまな活動を繰り広げましたが、当然そこには一部の侵略行為も含まれました。アメリカは、世界の人々がどのような反応を示すかということを察知し、それはアメリカにとって非常に重要だったので、多くの人が世界に向けて外交活動をすることが必要とされ、そこで「公共外交」を提唱しました。現在では、中国国内で公共外交が大々的に推進されていますが、これは中国社会の進歩のあらわれです。

外交部の統計によると、一九四九年から一九七八年にかけての中国の累計出国人数は、合計で二十八万人に過ぎませんでした。二〇〇八年には、中国大陸部の累計出国人数が約七千万人、中国大陸を訪れる外国人数は約五千万人になりました。これほどの規模は中国数千年の歴史の中で初めてのことです。こうした状況のもと、公共外交の役割は強まっています。中国に対する世界各国の人々の見方が、彼らの政府に影響を与えます。中国に対する人々の印象が良ければ、彼らの政府が中国に良好な態度をとることを後押しするでしょう。もし嫌われたら、政府がより一層の協力体制を築こうとしても実行は難しいでしょう。例を挙げると、あなた方の周りにも留学生がいると思いますが、あなた方が彼らに与える印象が、彼らの頭の中に残る印象になります。スウェーデン留学生のマイヤさんは、中国人は優しい、中国人はいつも辛抱強く彼女の質問に答えてくれる、スウェーデンではそうではないと言いました。これは比較的良い印象です。外部の出来事に対する人々の印象は具体的で、自分が経験したことはなかなか忘れません。それに自分の目で見たものは確実で、より説得力があります。

趙さんが話したように、現在出国する人の中には、大声で騒いだり、どこでも煙草を吸ったり、むやみにゴミを投げ捨てるなど、国内の問題行為をそのまま外国へ持ち込み、中国の品位を貶めることがあります。国外で好ましくない反応があるのは当然ですが、これも中国人が自らの素養を向上する後押しになります。こうしたことは、ある意味中国のイメージ、特に対外交渉の際のイメージに関わってきます。先日、原籍がラオスで、現在はハワイに居住する、華人の指導者に会いました。彼は少し前にラオスに帰り、次のような話を聞きました。彼によれば、中国人はお金を持っているので、ラオスの人々から羨ましく思われています。でも、実際に中国人がラオスを訪れると、「金があれば、なんだって買える」といった態度を見せ、大声で喚き、人を威圧するような様子で、強い反感を買うことになります。一つの国が豊かになって、こんな様子を見せるようでは、周りからどのように思われるでしょうか。当然恐れられてしまいます。ですから、公共外交は一人一人に関わることであり、外国に行ったら理屈ばかり並べるのではなく、あなた自身の話をたくさんしてください。これは誰もができることで、中国への国際的な理解をすすめる上で大きな助けになります。

交流対象の文化を理解する

董倩　皆さん、こんにちは。私は上海交通大学船舶海洋工程・建築学院の修士課程二年生です。私には二つ質問があります。一つは、中国の伝統的な儒教文化と世界の近代化の歩みは一種の交流であると思いますが、上海のような中国の近代的都市では、どのように伝統文化の神髄を汲み取り、この都市建設をさらに素晴らしく、さらに調和がとれたものにできるのでしょうか。もう一つは、今の大学生はどのように各階層の民衆と交流すればいいのでしょうか。

趙　孔子の言葉を引用して、上海の都市計画や建設を指導することは大変です。彼は紀元前五〇〇年から六〇〇年くらいの人ですし、都市計画や近代都市の建設について研究していたわけでもありません。（笑い）

儒家思想は、どのように私たちの現代社会の発展に影響を与えるのでしょうか。それは建設者を通してです。例えば、あなたも儒家思想からの影響を免れることはなく、ただ『論語』を読んだことがあるという程度でも、あなたの先生や、あなたの両親が儒家思想の影響を受けているわけですから、これはすでに中国人の文化を伝える遺伝子になっています。あなたが社会建設に参加する際は、調和をはかることに留意するでしょう。これは「安《いず》んぞ広廈《こうか》の千万間なるを得て、大いに天下の寒士をいて倶《とも》に顔を歓ばし（千万間もの広い家が手に入ったら、天下の貧しい人々をそこに住まわせて喜びを共にしたい）」（杜甫『茅屋為秋風所破歌』）の心情です。これは杜甫の言葉ですが、杜甫も孔子の影響を受けています。「儒家のあの話を用いて、我々の建設を指導する」などと軽々しく言ってはいけません。私たちにはすぐに経典中の語句を引用する悪い癖がありますが、時には引用が適切でないこともあります。母校の創立五十周年祝賀会に参加した時、来賓者が次々と祝辞を述べ、ある人が冒頭で「朋あり遠方より来る、また楽しからずや」（『論語・学而篇』）と言いましたが、これはやりすぎです。同席した外国人から、この一文は英語でよく口にする、「I'm pleased to see you!」と同じことだが、どうしてわざわざ孔子を持ち出すのか、と聞かれました。自分は『論語』を分かっているから学がある、とでも言いたいのでしょうか。

呉　二つ目の質問には私が答えましょう。大学生が中国の各階層の人々と付き合う際には、第一に相手を理解すること、その階層にはどんな特徴があるかを考えることが必要で、階層ごとに異なる特徴があるはずです。昨日、楼書記が「文化が思想を決定し、思想が行動を決定する」と言った通り、異なる階層の人は異なる環境の中で生活をしているはずで、これは一種の文化であり、こうした文化が彼の思考や行動に影響を与えます。ですから、異なる階層の人と付き合う際には、相手を研究しなければなりません。また、沿海部と内陸部の状況も違い、地方ごとにも異なる文化があります。そのため、私たちがよく口にする「文化を越えた交流」とは、単に中国と外国の交流を指すわけではありません。そのほか、世代を越えた交流も、一種の文化を越えた交流です。あなた方が育った環境は、あなた方の両親が育った環境とは違います。両親の育った環境は一種の文化であり、彼らの思考や行動に影響を与えています。ですから、まずあなたの交流相手がどんな特徴を持ち、どんな文化の中で生活しているかを研究しなければなりません。

一つ話をしましょう。私は一九九〇年の終わりにブリュッセルから帰国し、報道局局長になりました。当時、誰かからその話を聞かされても、私には信じられませんでした。それまで報道局に関わったことすらないのに、突然局長になって、何ができるというのでしょう。趙啓正同志と同じように、新しい職場に配属されれば、まず付き合うことになる人達の特徴を研究する必要があります。こうした準備をしておけば、彼らと良好な付き合いを行うことができます。次に、一人の人間が持つ特徴はいくつもあり、付き合う目的を明確にし、両者を結び付けることによって、方向性が定まるでしょう。支援教育を行うのなら、対象となる相手と接する目的は、彼らの教育を支援することであり、あなたは彼らの教育状況がどうか、長所は何か、短所は何かを研究しなければなりません。あなた方の支援教育は彼らの短所を補うことが狙いであり、長所を補おうとしても、相手にされないでしょう。あなたが役に立つと思われれば、大いに歓迎してもらえるはずです。反対に、たいして役に立たないと思われたら、いくら丁重なもてなしを受けたとしても、あなたは力を発揮することができません。交流はあなたの目的と結びついていなければなりません。これが私からの二つの提案です。

二　公共関係は一度きりのものではない

有意義な「関係」

趙　伝統的な人事書類には「社会関係」という項目があり、これは近い親戚や親しい友人との関係を意味しています。社会関係とは、企業にとって見れば公共関係（パブリック・リレーション）です。中国では、「関係」がなければ成功しないと言う人もいますが、これは一種の曲解です。あるイギリスの企業家がこう言いました。「あなた方の『関係』という言葉は、英語の『relation』には翻訳できないように思います。中国では、『関係』は特別な人が一種の特殊な信任や配慮を与えることを意味します。言い換えれば、『関係』を持つ人は、情報や優遇をたくさん得ることができますが、そうでない人は手にできないということです」。これは実質的な批判です。公共関係は重要ですが、法律と道徳の範囲内で行われるべきで、そうでなければ不健全です。

呉　私たちが「関係」に頼りがちだと、外国人から批判されたということですね。中国人は「関係」の理解が外国人と異なることがあり、いつも「関係」で物事がうまく進むと思っています。実のところ、公共関係とは企業と大衆の交流や協力関係を指し、交流が滞れば、関係がうまく築けず、企業の業務発展に影響するかもしれません。中国が市場経済を実施してから二十一年になりますが、公共関係の正確な意味を宣伝していかなければなりません。

趙 健全な公共関係は社会をさらに調和のとれたものにします。例えば、製品に問題があり、事故発生の恐れがあるとしたら、すぐに真実を公にし、対応措置をとらなければなりません。専門用語で言う「危機管理」とは、大衆に対する責任です。公にせず、隠蔽するのは、道徳的に問題があります。健全でない公共関係は、腐敗などマイナスの影響をもたらします。

呉 健全か、健全でないかの基準は何ですか。

趙 個人の関係では、ただ飲み食いだけの付き合いなら、たいした関係とは言えません。さらに会話の内容が通俗的すぎる場合は不健全な関係で、遊び仲間のようなものです。法に背き、不当な利益を得ようと企んだら、それはさらに駄目な関係になります。友人付き合いは時間を費やすものですから、その時間を惜しみ、遊び仲間と出歩くようなことは避けなければなりません。

呉 健全な公共関係については二つの基準で評価できないでしょうか。一つは法律の範囲内かどうか、もう一つは事実に基づいており、嘘をついていないかどうかです。公共関係では、嘘も方便とみなされることがありますが、最終的には企業そのもののイメージを悪くすることになります。

趙 あなたが言いたいのは、公共関係を通じ、社会発展に貢献するべきで、違法行為をしてはいけないということですね。例えば、粗悪な牛乳の宣伝と販売は、最終的に自分の側にもダメージを及ぼします。また虚偽広告は、大衆を騙す、不健全な公共関係になります。

呉　ある意味、どんなことをするにも、交流を通じて健全な関係に発展させなければなりません。

趙　数年前、アメリカの有名私立大学――ミネソタ州カールトン大学で中国の発展に関する報告をしました。ルイス校長は感銘を受けたと話し、二年以内に二人分の留学生枠を用意して、それぞれ年間四万ドルの奨学金を支給すると約束してくれました。その後、私は浦東地区の青年幹部二人を送り出し、良い教育を受けさせてもらいました。彼は特殊な配慮をしてくれたわけですが、これは公に行われたもので、また公明正大で、結果も良好でした。これは健全な公共関係です。

呉　私がフランスで大使をしたとき、あるフランスの大企業が中国の工場への発注を大幅に削減しようとしました。私はその企業のトップに会い、中国の工場と安定した協力関係を維持する重要性を分析し、朱鎔基総理が工場見学した際の賛辞の言葉について一緒に振り返りました。間もなく、彼らは発注を削減しないばかりか、逆に増やすことを決定しました。

趙　相手の利益の所在を理解し、相手の文化を理解し、相手の考えを理解してこそ、相手を説得することができます。

呉　もう一つ例があります。中国民用航空局は一九七〇年代初めから、フランスの航空管理設備の輸入を開始しました。九〇年代に入って更新が必要となり、予算は一億ドルでしたが、相手方の要求は一・二億ドルで、民用航空局の指導者が私の介入を希望しました。私はフランス側の代表者に対し、中国は急速な発展段階にあり、ここ数年で数十カ所の空港建設が予定されている、今回の取引が成立しなければ、あなた方は長期的な利益を失うことになる、と話しました。私の誠意が彼の心を動かし、その後価格を引き下げてくれたため、この取引はまとまりました。

趙　二つの例はどちらも一時的な利益ではなく、双方の信頼感を拠りどころとしており、それでこそ公共関係の力が発揮されるのです。自分の利益だけを争うのではなく、相手の利益も考え、特に相手の長期的利益に配慮することで、「ウィン・ウィン」の関係を築くことができます。

呉　誰かへの信頼度とは、その人の信望を意味し、短期間で身につくものではありません。

趙　あなたは外交活動の中で経済分野の仕事を行い、交渉代表権者の代わりをするのではなく、中国の経済分野へ道を切り開いてくれました。私は上海浦東地区時代、「外交を刀に、経済を実体に」と何度も口にしました。浦東地区の開発初期は、経済関係者の多くに対外交流の経験がない一方で、外国語が堪能な人は経済知識が不足していました。外交によって道を開かなければ、対外開放は何から始められますか。一度道ができてしまえば、次は経済の出番になります。

呉　その通りです。私も大いに賛成します。大使は経済学者ではなく、商人でもありません。その位置づけは、あなたが話した「刀」ということになりますね。あなたは信望を徐々に積み上げることによって、周囲から尊重されるようになったのです。私は当然、中国の利益を考慮すると同時に、フランス企業の利益も考慮しました。これは大変な効力を発揮し、あなたの話は公正で、権威がある、と相手に思ってもらえました。公共関係は決して一度きりのものではなく、系統的に積み重ねられていくものです。

柯唯　皆さん、こんにちは。私は八〇年代後半生まれで、就職して半年になりますが、社会に出て少し戸惑いを覚えています。私は、人と人との交流は一つの関係の上に成り立つと考えています。なぜなら、何らかの関係があってこそ、交流の必要があるからです。関係には、顔見知り程度とか、ごく浅い付き合いもあれば、長期的な交際もあります。そして長期的な関係の中には、どうしても続けなければいけないものもあります。例えば、私たちは両親の間に生まれ、これは固定的で逃れられない血縁関係です。また、例えば市場の競合相手や、ひいては政治上の国と国との関係など、どれも続けざるを得ないものです。こうした長期的な関係において、私たちが弱い立場に置かれたとき、どのように良い交流を行うべきなのでしょうか。

呉 市場にしても、国際関係にしても、必ず利益の衝突があり、競争を避けることはできません。しかし、その関係すべてが競争ではなく、あなた方にも共通の利益があり、競争する一面もあれば、協力する一面もあります。この過程の中で、なるべく衝突を避け、協力する分野を重視することです。長期的な発展から言えば、これは決して悪いことではありません。

私はかつて、才気あふれる青年企業家に会ったことがあります。一九八九年にフランスへ渡ったとき、彼はフランス語を一言も話せませんでしたが、現在では投資を行い、良い成績をあげています。彼の話では、所属するフランス企業が彼を中国の首席代表として派遣しましたが、出発前に、企業のトップから二つの要求が出されたということです。一つ目はパートナー企業の利益に配慮すること、二つ目は企業の財産を自分の財産と同様に取り扱うこと、でした。この二つの要求は簡単なようでいて、たいへん意義があります。パートナー企業の利益に気を配れば、事業はますます発展することでしょう。この点は、中国人が世界に進出するときに、見落としがちなことです。一儲けしたら去る、このように考える人がたくさんいます。一企業が長期間発展しようと思ったら、競争するときに手段を選ばないようではいけません。そんなことをしたら、名声に傷がつきます。一個人の名声が傷ついたら、あるいは一企業の名声が傷ついたら、それを取り戻すことは困難です。

趙　あなたが話した関係と、その分類については、とても面白いと思います。確かに家族関係、友人関係、同僚関係、それに市場の競合関係もあります。関係を処理する原則として、注意しなければならないのは、その過程で基本的な道徳を失ってはならないということです。数年前、ある有名大学が上級CEO養成クラスを開講することになり、新聞に広告を掲載しました。そこには「市場は戦場と同じ、孫子の兵法を市場に応用する」というコピーがありました。それからほどなくして、ロシアの通信社が、「中国人とビジネスするときはくれぐれも用心せよ。彼らは孫子の兵法を使う。我々はそれにどうやって対処すればいいのだろうか」という文章を発表しました。孫子の兵法で商売をするなんて、腹に一物隠し、どさくさに紛れて利益を上げるような、手段を選ばず、利益のみを追求するやり方です。戦場ではごまかしをすることもできますが、市場で同じことはできるのでしょうか。

中国では、至るところで社会関係を重視します。知り合いであれば、規則すれすれのところでお互いに配慮し、有益な情報をあなただけに流したり、あるいは他の人にはない実利を与えてくれたりします。実際には、これは法規を逸脱した行為です。どうして私たちの周りにはこのような好ましくない現象が溢れているのでしょうか。多くの場合、「関係」が原因となっています。ある外国の企業家は、中国の「関係」と英語の「relation」は完全に対応しない、その意味するところは「relation」よりも複雑だと言いました。私たちが社会で生活する中で、勝手気ままに振る舞うことはできません。関係に対処するときも、道徳のボトムラインを越えることはできず、まして法律や法規を逸脱することはできません。

情報化時代の知恵者

何東澤　先生方、こんにちは。私は上海戯劇学院放送技術学専攻の大学院生で、八〇年代後半生まれです。昨日、同室の友人と「世界末日」（地球最後の日）について話し合いました。報道によると、「世界末日」というデマを飛ばしたことで、すでに百人以上が拘束されたそうですが、いったいデマを広めた人を捕まえるべきなのか、それとも一般の人々にデマを信じないよう伝えるべきなのか、ということが話題でした。私は、「テレビのトップニュースで声明を出し、最後の日など来ない、と言えばいいのでは？」と言いました。すると、友人が、「今はテレビのニュースを信じる人なんていない。信頼度が下がった政府のコメントより、デマの方を信じてしまうよ」と言いました。これを聞いて、私は戸惑いました。こうしたデマに対して、私たちはどうするべきなのでしょうか。また、私たち政府の公開チャネルは、どのようにして信頼性を高めるべきなのでしょうか。

趙　どうして政府の話を信じない人がいるのでしょうか。それは一部の政府職員が嘘をついたことがあるからで、そのために職員全体が責任を負うことになったのです。例えば、長江沿岸のある都市で、外国貨物船が化学物質を流出し、水質汚染を招いて、異臭騒ぎが起きました。水処理企業の職員は、水質に問題はなく、消毒用の塩素が多過ぎたためと言いましたが、市民は飲用後に腹の調子が悪くなったと、その発言を否定しました。その後、水処理企業は外国貨物船が原因であると認めました。市民は水処理企業の職員の発言をもはや信じなくなりました。そして、水処理企業は国営で、現地政府の指導を受けているため、市職員も嘘をついているのではないかと疑いの目を向けるようになりました。こうした状況を変えるには、嘘を許さず、嘘をついた職員に処罰を与えるべきだと思います。

「世界末日」については、絶対多数の人は信じていません。「世界末日」が来ると信じるのは、一般に教育程度が低いか、思想が極端に偏った人です。ここ上海戯劇学院では、ほとんど見られないでしょう。流言は知者に止まる、です。肯定的なニュースに対しても一概に疑うようでは知者と言えず、知者は高度な分析能力を持っています。

呉　現在は確かに信頼性の低下や、政府の発言が大衆に受け入れられない、という問題に直面しています。こうした状況を一般の人々のせいにしてはいけません。信頼性はどのように生まれるのでしょうか。誰かが発言した通りになった、それが何度か続くに従って、自然と信頼性が生まれるのです。信頼性が揺らいだ場合は、まず自分が何か問題になるようなことをしたかどうか、顧みなければなりません。周囲に真実の状況を伝えていないのではないか、あるいは少し嘘を言ってしまったのではないか、という具合です。

中国で起こる現象のすべてに源があり、必ず何かしらの原因があります。中国は数十年に及ぶ革命を経て、長いあいだ階級闘争をかなめとしてきました。あなた方のような若い人たちは、階級闘争と言ってもピンと来ないかもしれませんが、こうした思想は長いあいだ中国を支配してきました。そのころは、黒か白かといった極端な考えがまかり通り、すべてが闘争と結び付けられました。こうした思想が習性となり、意識的に克服しようとすることもなければ、情報化時代に嘘をつくことの愚かさも分からず、あなたの嘘はすぐに見破られてしまうでしょう。信頼性の低下は私たちに反省を促し、今後の状況をさらに良くするように促すものなのです。

四　己の欲せざる所、人に施すこと勿れ

趙　私たちは交流が人生にもたらす意義と、企業や組織にもたらす意義について話してきました。次は交流の範囲を国家間や民族間まで広げ、世界に対する意義について話してみましょう。

呉　地球は人類にとって唯一の共同の家であり、恒久の平和と、繁栄・発展、相互利益、相互福利と調和を享受できる社会を築くことは、人類共通の願いです。しかし、目前の世界には、いまだに他国の主権を尊重せず、大国が小国を圧倒し、強者が弱者を虐げる現象が存在し、あるいは宗教・信仰による民族問題が発生しています。どのように解決したらいいのでしょうか。その方法はやはり、国際交流や対話を通じて解決することになります。

趙　衛星放送やインターネットの普及に加え、大型ジェット飛行機の普及によって、この地球上の七十億人の距離感は一段と近くなりました。一つの国が同じ村に住む一軒の家のようになり、もはや「鶏や犬の鳴き声が聞こえるほど近くであっても、住民は老いて死ぬまで、お互いに行き来することがない」ということはあり得なくなりました。

呉　日本の池田大作氏は、『対話の文明』の中国版序文で、次のように述べています。「『すべての国家が平等な立場で、互いに助け合う世界を作らなければいけない』。これは敬愛する周恩来総理が、亡くなる一年前に私に話した言葉です。このために不可欠なのは、人と人、民族と民族、そして文明と文明を結びつける『対話』です。私も多くの人と同じように、こうした信念を抱き、世界中を奔走し、各階層で平和と友好の『対話』を拡大しつづけています」。これは私たちにとって大いに啓発されるところがあります。

趙　国際間の対話もまた、人を介して行われるもので、人の資質や態度も同じように対話の中に現れます。国際的対話の成功例は、双方あるいは多数がお互いに合理的な妥協により譲歩し、共に成功を分かち合うものです。成功しなかった例は、少なくともどちらか一方が譲歩しなかったものになりますが、国家の利益に関わる状況では、譲歩しないことも道理があり、正義である場合があります。

呉　何より恐ろしいのは、横暴で筋を通さず、強権で他人を押さえつけ、いつも真理は自分にあると思い込むことです。

趙　国際的対話の枠に含まれるものは数多く、政治的協議でなくとも、政治的な色合いを帯びることがあります。多くの対話には明白な政治性はなく、例えば文化的対話ですが、文化的対話は民族間の相互理解に最も効果があり、すべての交流の基礎になります。文化的対話は必ずしも認識が一致するものではありませんが、お互いの理解を深めることができれば、それで収穫があったと言えるでしょう。

呉　無神論者と有神論者が対話に成功することは、それほど多くありません。あなたとパラオ博士の対話が成功したのは、一人は核物理学者、一人は著名なキリスト教福音伝道者というように、あなた方の身分が特殊だったことにあるのでしょう。特殊な身分が対話の内容を非常に深くしながら、どちらも相手を説得しようとはしませんでした。

趙　私は彼を説得するどころか、読者が私の意見を支持してくれるかどうかとも思わず、ただ私たちが対話をする態度に賛同してもらえればいいと思っていました。私は序文の中で、「読者が私たちの観点を何かしら受け入れてくれると思っているわけではないが、おそらく私たちの態度は受け入れてもらえるだろうと思う」と書きました。その後、ＡＰ通信社のトーマス・カーリー社長がこの本を読み、わざわざ手紙を送ってくれました。そこには「私はあなた方の態度に称賛を送ります」と書いてありました。異なる国と地域の無神論者と有神論者が、お互いに尊敬の念を抱くことができるのだと、そのとき分かりました。私とパラオ博士は、両者が互いを貶めることで起こりうる文化の壁を克服し、本来鋭く対立しやすい話題を平和で穏やかなものにしました。

呉　私はこの本をしっかり読ませてもらいました。文化や心の壁を克服するのは簡単なことではありませんが、これも同書が成功した基盤でしょう。私は英語版も読みましたが、とても上手に翻訳されていましたよ。

マーク　皆さん、こんにちは。私はアメリカからの留学生です。趙先生、あなたは無神論者で、パラオ博士はキリスト教徒です。あなた方の信仰や考え方は違いますが、共通の目標があったことで、交流は滞りなく行われました。では、私たちはどのように共通の交流ポイントを見つければいいのでしょうか。相手にまったく交流の意思がなかった場合は、どのようにしたらいいのでしょうか。

趙　この質問の回答は長くなる可能性がありますが、なるべく簡単に説明してみましょう。パラオ博士はもともとアルゼンチン人で、幼少期にアメリカに行き、現在はアメリカとアルゼンチン、ひいてはラテンアメリカ全体に大きな影響力があります。彼に関する映像や写真をたくさん見たことがあります。私と会談したのは、主に神やキリスト教、宗教と社会の関係、それに異なる宗教や信仰を持つ人間関係をどのように処理するかについて、私の意見を聞きたいためでした。これらはどれも良いテーマだと思いました。私たち二人はお互いに相手を理解したいと思っていたので、率直に心を打ち明け合いました。

合わせて三回会談し、最後に話したのが黄浦江の畔だったため、本にまとめるとき、タイトルを『江辺対話』としました。英文紙「サウスチャイナ・モーニング・ポスト」はこれに関し、「神よ！　どうして中国の無神論者がアメリカの福音派伝道師を抱擁しているのだろうか」と題した記事を発表しました。

中国人は是が非でも異なる国、異なる宗教・信仰の人たちと和やかに付き合っていかなければなりません。中国には海外からの移民が少なく、日常生活で外国の文化に接することはほとんどありません。まず相手の文化や信仰を尊重することを学び、たとえ自国の文化に非の打ちどころがないとしても、別の文化と交流したいという願いを持っていれば、交流のきっかけは必ず現れるでしょう。

世界はさまざまな民族で構成され、最近のデータでは、何らかの宗教・信仰を持つ人は八十四％で、つまり世界の人口のうち約十四億人は特定の宗教・信仰を持たないとしています。中国での多数の人が自分に特定の宗教・信仰はないと言いますが、実際には仏教を信仰する人が多く、ただキリスト教のような洗礼の類の儀式はありません。パラオ博士によると、『旧約聖書』には「黄金律」があり、そこでは「他の人にしてもらいたいと思うことを、人にも同じようにしなさい」と語られているそうです。これに賛同するかどうか聞かれた私は、「たいへん結構です。私も賛同します。中国にも『己の欲せざる所、人に施すこと勿れ』という文言がありますよ」と答えました。パラオ博士はこの言葉をたいへん気に入り、誰が言ったのかと聞いてきたので、私は孔子の言葉だと答えました。彼は孔子の名前を聞いたことがありましたが、どんなことを言ったかは知りませんでした。このことからも、私たちの文化の普及度は弱く、キリスト教は強いことが分かります。

実のところ、私たちには文化レベルの信仰があります。中国の文化信仰では、「諸神」があなたのことを見ています。いったい誰のことでしょう。私たちの同級生、両親、隣近所、友人……なにか良くないことをしたら、彼らがそれを見ているのです。私たちは「諸神」と接し、彼らと対話することができますが、キリスト教徒は神の姿を見ることはできず、心の中で交信しなければなりません。二種類の文化はいずれも人、あるいは神が監督者となっているように感じます。私たちは違う国の人とまったく接しないわけにはいきません。「地球村」はこんなに狭いのですから、接触しないのは不可能だと心に留めなければいけません。飛行機も、放送もなかった時代は無関係でいることもでき、そのころの中国人は、「天下」とは中国を指すものだと思っていました。現在では、文化を越えた交流がとても重要となり、文化を越えるとは信仰の違いを乗り越えることでもあるのです。

「共鳴」は一種の縁である

田原　皆さん、こんにちは。私は上海対外貿易学院商業英語専攻の修士課程二年生です。私の考えでは、短期間の交流なら、そのときだけの付き合いということもあるでしょうが、長期的な交流に発展したら、友情が生まれることもあります。私が質問したいのは、このような長期的な交流が国境や人種、信仰を越えることができるかということです。例を挙げると、私は在学中に、美しい外国人教師と親しくなりました。彼女はキリスト教徒で、すべては神のおぼし召しだと思っていました。どうして中国に来たのか聞いてみたら、神様に遣わされたから、と答えました。帰国するときも、神様からの啓示を受けて、と言いました。私たちが食事をしたり、教会に行ったりするとき、彼女はいつも神について語り、私は布教されているのではないかとも思いましたが、彼女の信仰を尊重していました。彼女がアメリカへ帰国した後、何度かネットを介してチャットをしましたが、回数がだんだん少なくなり、今はほとんど連絡をとらなくなってしまいました。私にはどうも腑に落ちないのですが、宗教や距離のせいで、私たちの交流は疎遠になっていくものなのでしょうか。

趙　私には中国人の友人も、外国人の友人もいますし、文系の友人も、理工系の友人もいます。幅広い交流の中で、特にあなたと「共鳴」することができる、つまり心が通じ合う人は、あなたの長期的な友人となるでしょう。人のエネルギーには限界があり、友人の数にも限度があります。友人は無理に求めるのではなく、出会いと別れを繰り返すもので、疎遠になったからといって残念がる必要はありません。ボーイフレンドと長く「共鳴」できればいいのであって、他の人がいなくなっても気にしないことです。（笑い）

呉　宗教が何千年も存在するのは、おそらく存在する理由があるからです。中国人のほとんどは特定の宗教を信仰しませんが、世界各国の人々と付き合うときには、とりわけ「和して同ぜず」という原則を心に留めておくべきです。私の友人の中には、キリスト教徒も、ユダヤ教徒も、イスラム教徒もいます。私が彼らと長く付き合っていけるのは、多くの面で共通する言葉を持ち、つまり趙さんが言った「共鳴」があるからで、日常の交流の中で、お互いに新しいものを得ることができます。

宗教とはある人の信仰であり、互いの信仰が違うからといって、友人関係を築く妨げにはなりません。信仰と友情はまったく別問題で、あなたの先ほどの話は二つの概念を混同しています。

人は長年の友を得ることができるでしょうか。年齢が上がると、親密だった友人が、時が経つにつれて疎遠になったり、あるいはそれほど付き合いがなかった友人との距離が、後に近くなったりといったことが必ず起こります。それは成長する過程で、さまざまな必要性が生じるからで、あなた方の関係が疎遠になったのは、宗教のせいとは限りません。私はやはり「和して同ぜず」の精神を信じます。世界は本来多元的なもので、各国の人々は友好的に付き合うことができるはずです。

五　公共外交は、一人一人にその責任がある

呉　初めて外国人と交流したのはいつですか。

趙　上海で働いていたときのことです。一九八一年に、特許製品の輸出プロジェクトでアメリカへ行きました。当時のアメリカの二大エレクトロニクス企業であるアンペックス社とＲＣＡ社が、私たちの製品を国際的な先進レベルに達していると評価してくれました。

呉　それほどの高評価は、簡単に得られるものではありません。あなたにとって初めての海外でしたが、どんなことが印象深かったですか。

趙　印象に残っているのは、アメリカは豊かな国で、私たち中国は非常に貧しかったということで、今になってみると、たくさんのことが感慨深く思い出されます。初めて高速道路や立体交差する高架橋を見ました。さらにスーパーマーケットはとても大きく、キッチンペーパーだけでも包丁用、まな板用、手拭用とたくさんの種類がありました。それにビュッフェでは自由に食べることができ、店側が損をするのではないかと不思議に思いました。当時の私たちは、まだ配給切符で食糧を購入していました。

呉　二回目はいつですか。

趙　二回目に外国人と接したのは、ドイツ人が工場見学に来たときのことで、同じく一九八一年です。私たちの工場には通訳がいましたが、そのときは不在でした。ドイツ語は技術用語ならなんとかできたので、何度もつまりながら一時間ほど相手をし、最低限の職務を果たせたと思います。

呉　鍵となる言葉を話せば、相手も分かってくれるでしょう。

趙　鍵となる言葉については問題なく、専門用語やデータも大丈夫でした。それから真剣に鍛錬して、上海市副市長と対外事務管轄を兼務するようになってからは、外国の政府要人や大物企業家、記者と数多く接することになりました。

呉　一九九〇年代に、私は浦東地区へ行きましたが、あなたの説明は明快で魅力的でした。話し上手で、相手にすぐ分かってもらうことができれば、あなたの話には内容があると、大勢の関心を引き、それによって実際の効果が生まれ、投資する人も多くなるでしょう。あなたと言葉を交わし、あなたの話を聞くことで、中国に対する理解を深めることができます。さらに新聞やラジオ、テレビを通じて多方面で宣伝できれば、効果は倍増するでしょう。

趙　中国は躍進のさなかにあり、平坦な道を歩めるわけではありません。国際勢力の中には中国を歪曲し、「中国脅威論」を振りかざすところもあります。こうした阻害要因を取り除くには、公共外交を強化し、外国の大衆に向かって中国の実情を直接説明し、中国に関する質問に答えなくてはなりません。「公共外交は、一人一人にその責任がある」と言うこともできます。

呉　あなたは近年、中国の公共外交の強化を提唱する文章をいくつか書き、国際対話は政府間のものだけでなく、大衆がさらに広く参加しなければならないと説いていますね。

趙　そうです。公共外交は国家全体の外交を構成する重要部分です。ここ数年、あなたは外交学院院長、前大使、国際展覧局主席、それに学者としての立場で、外国の政府官僚や学者、非政府組織と広く接触し、各種の国際フォーラムに参加しています。それぞれの角度から中国の国情を紹介し、同時に中国に対する外国各界の認識を調査しています。あなたが行っているのは典型的な公共外交の仕事です。北京オリンピックを旗印として、中国は「公共外交」の時代に入りました。オリンピックのボランティアたちは、現代中国の精神を外国へ伝えました。

呉　民衆が中国のことを外国へ伝える影響力は非常に大きいです。私の妻の施燕華がルクセンブルク大使だったころ、ルクセンブルク駐在のデンマーク大使と会談し、中国人は心根が善良で、いい人たちだと褒められました。これはどうしてでしょうか。その年、大使は十八歳になる息子を中国へ旅行させ、中国は世界で最も経済的に活気のある場所だから、自分の目で見てくるようにと言いました。たくさんのお金は持たせず、高級ホテルに泊まることも許しませんでした。息子は一人で中国を回り、真夜中に普通車両に乗りました。暑いので、靴を脱ぎ、何日も洗っていない靴下が臭ったため、靴下も一緒に脱いでしまいました。目を覚ますと靴下がありません。もう一度あたりを見回すと、かたわらにロープが張られていて、誰かが靴下をきれいに洗い、そこに干してくれたことが分かりました。誰が洗ってくれたのでしょう。それは真向かいに座る年配の女性でした。この女性が中国人の代表になるのです。彼女は、自分の息子もこのような状況になるかもしれないと思い、自然と靴下を洗ってやったのです。こうしたことから、デンマーク大使はあちこちで中国人は善良だと触れ回っていました。これも公共外交の重要なところです。

趙　これはとても良い例で、言葉を必要としない公共外交です。中国人民大学の程天権教授（中国人民大学前共産党委員会書記）がアメリカのミズーリ大学を訪問したとき、夜の十時過ぎに散歩をしていると、一人の老人が道に迷い、自分の家が分からなくなっていました。程教授は彼を送り届けてやろうと思い、一軒ずつ聞いて回りましたが、ある家の敷地内に入ったら、その家の主人がなんとライフルを持って出てきました［アメリカでは、許可なく個人宅の敷地内に入ることは違法］。彼らは一時間以上も同じことを繰り返し、やっと老人の家を探し出しました。外国語が話せない中国の老婦人と、外国語ができる中国の教授が、ともに人助けを自分の喜びとする中国の美徳を体現しました。これもまた、外交における感情の交流事例と言えるでしょう。

呉　中国は毎年大量に各種の代表団や視察団を海外に送り出し、パリだけでも、例年だいたい三百以上の各級政府の代表団が訪れています。惜しいことに、彼らの多くが演説の依頼や記者との面会に応じたがりません。海外へ行って、旅行費用を使っていながら、中国を伝える機会を逃すのは非常に残念です。

趙　現在は、さまざまな国の人々と付き合う機会がたいへん多くなりました。私たちが外国を理解し、あるいは外国人が中国を理解するのに、新聞やテレビを介するだけでは、片寄った見方になりがちです。人と人との交流こそ、確かな理解を得ることができます。一部の大学では、「公共外交」はすでに選択科目の一つになりました。

呉　今は学習型社会の時代です。あなたが自ら公共外交の意義を説明することもあり、たいへん歓迎されているようですね。

鄭敏珠　先生方、こんにちは。私は韓国人で、中国語は上手に話せませんが、どうぞお許しください。お二人は「交流の失敗談」について話されましたが、この概念にとても興味があります。交流の失敗とは何でしょう。あるいは、交流の成功とは何でしょうか。さらに良い交流を求めるには、どうしたらいいか知りたいのですが。

趙　場面に応じて、交流の目的は違います。最もシンプルな目的は何でしょうか。私は温かみを感じることだと思います。利用目的で友人を作るのは、崇高とは言えません。友人と付き合うのは温かみを求めるためで、言いたいことを心の中に溜めこんでいたら、つらい思いをします。また何かに疑問を抱いたときは、他人の意見を求めたくなります。人がみな木炭だとして、炉の中でたくさんの木炭が燃え、あなただけ外側でその様子を見つめていたら、きっと孤独に思うでしょう。自分も炉の中に飛び込んで一緒に燃え上がれば、どれほど誇らしく、どれほど価値があると感じることでしょうか。

国家間の交流については、お互いに理解を深め、お互いに相手を許容し、衝突を防ぐことが目的となります。しかし国際交流においては文化の壁があり、こうした壁にどう対応するかが交流のスタイルを決定します。一般の人々が文化的差異について分からず、誤解が生じた場合、それがただの誤解であれば、許してもらえます。しかしそれが故意だった場合には、例えばヨーロッパの風刺漫画にモハンマドの肖像が掲載されるといったようなことは、イスラム教徒への蔑視が感じられます。加えて、彼らは法律でこのようなことは禁じられておらず、言論の自由があると主張するのです。誰かをわざと傷つける必要がどこにあるのでしょう。交流すれば、こうした対立を解決することができるのでしょうか。私はできると思います。キリスト教やイスラム教の教義は、孔子の思想とたいへん似通っていて、いずれも人を愛し、必ずしも他人を敵とみなす必要はない、と説いています。国際的なコミュニケーションは、世界平和に関係しますが、現在のところ、私たちと外界とのコミュニケーションはまったく十分ではありません。政治家だけにまかせるのではなく、皆さん自身で行うことが必要です。皆さんの話は政治的な装いをされることのない、すべて本当の話なので、ときにはさらに良いコミュニケーション効果をもたらすこともあります。私は初めてパキスタンを訪れて、とても良い印象を受け、イスラム教徒は真の友であると感じました。もちろんキリスト教徒も友人であり、特定の宗教を信じる人と友人になることは十分に可能です。

民族があってこそ、世界がある

李子微　皆さん、こんにちは。私は上海戯劇学院電影電視学院司会専攻で、九〇年代生まれです。先ほど文化を越えた交流について話が出ましたが、外国人が中国の文化と言うときは、孔子学院や京劇などの伝統文化を指し、私たち若者については勘定に入っていないようです。そこで、文化を越えた交流において、若い芸術家はどのように自分たちの役割や責任を果たすことができるのでしょうか。あるいは、私たちはどのようにして中国の若者に対する認知を広めていけばいいのでしょうか。

趙　これは大きなテーマですね。世界の文化の宝庫は、世界各国と各民族が共同で創造し、保護していかなければなりません。現在の宝庫のうち、中国は何に貢献しているでしょうか。とりわけ現代の中国文化の貢献とは何でしょうか。あまり大きくないことは明らかで、広く影響力を持つ思想はほとんど見当たりません。これは当然、ここ百年余りの貧困や立ち後れと関係がありますが、もはやそれを言い訳にすることもできません。

かつてこんな言葉が流行りました。「民族的であるほど、世界的である」――これは正確ではありません。民族は同一地域内で生活する人々によって形成されるため、民族的な文化であればあるほど、狭い地域で流行する文化、つまり少数の人々が所有する文化になります。それがどうやって世界的なものになれるというのでしょうか。これを魯迅の言葉だと言う人もいますが、魯迅が言ったのは「民族があってこそ、世界がある」です。これは間違いではありません。世界は当然、各民族によって構成されます。魯迅が書いた前後の文脈を見れば分かると思いますが、彼が言いたかったのは、その民族の中で優秀であれということです。その民族の中で認められてもいないのに、どうして世界に優秀と認められ、世界中に伝わることができるのでしょうか。優秀であること、それが第一の条件です。

第二の条件は積極的に海外へ進出することです。そうでなければ、どうやって知ってもらえばいいのでしょう。『カルメン』『椿姫』『オテロ』のようなヨーロッパのオペラは、自然に中国へ伝わりましたか。それはヨーロッパの人々によって紹介されたのです。先日、ここで中国語が堪能なアフリカ人留学生がスピーチを行い、何度も京劇を観るうちに、『三岔口』が分かるようになったと言いました。京劇の歴史物は『カルメン』より分かりづらいと思いますが、どうやって外国人に理解してもらえばいいでしょうか。まずは上手に外国語へ翻訳することです。翻訳といえば、文化の自尊心という問題もあります。「京劇」は「Beijing Opera」と英訳されますが、ヨーロッパの人には、単に中国人が演じるオペラだと思われるかもしれません。また、「饅頭」のことを「steamed bread」と訳すこともありますが、どうして蒸しパンにしてしまうのでしょうか。何度も言いますが、このような方法は、自らの価値を貶めるものであって、決してやってはいけません。

若者は中国文化の担い手であり、中国の現代劇や京劇の復興はあなた方にかかっています。ドイツにはブレヒトがいて、ロシアにはスタニスラフスキーがいて、私たち中国には梅蘭芳がいます。さらに完璧な演出理論を構築し、世界的な地位や影響力を高めていくことはできないでしょうか。

芸術を学ぶ青年にはなおのこと、中国文化をさらに磨き上げ、同時に外国へ送り出す責任があります。芸術に国境はありません。あらゆる中外交流の手段の中で、芸術行為、芸術作品、芸術要素は世界に通用します。想像力によって情報を伝達し、交流を円滑にする芸術の力は、中国の優秀な文化を容易に海外へ伝えてくれます。

呉　私にも少し補足させてください。フランス大使だったころ、フランスで名高い高等教育機関であるルイ＝ル＝グラン学院の校長が、これまで三人の中国人学生がいたが、彼らがいたクラスはクラス全体の成績が良くなったと話してくれました。三人とも現地の学生よりよく努力し、勉学に励む雰囲気をもたらしたということです。これは学生間で影響を与えた例ですが、同時に中国文化の影響でもあるのです。

身の回りの出来事を語る

于文非　先生方、こんにちは。私は上海対外貿易学院の修士課程二年生で、八〇年代生まれです。今年の夏、私はオックスフォード大学へ行き、学生と交流しましたが、彼らがどんな話題を出してきても、私がほぼ理解できるのに対し、彼らの中国人に対する知識は非常に少ないことに気づきました。そのため、中国人は交流において優位に立てます。なぜなら私たちは世界の変化や発展について理解しているからです。ただ、今の若い人たちは交流が不得手のようにも感じていて、みんなで集まっても携帯を手にし、目の前に座っているのに、QQや微信などのチャットを通じて会話を交わします。私たち若者はネットを通じた付き合いの方を好み、面と向かった交流が得意ではないのでしょうか。中国人は交流に長けているが、一方でそうではないとも言えるのでしょうか。

趙　あなたは二つの問題を一緒にしています。外国の若者と接するとき、彼らが話す外国事情について、あなたがその背景をいくらか知っているのに対し、彼らはあなたの話をまったく理解できないのは、まったくもってあなた個人の問題ではなく、国家の問題――私たちの対外発信力がどちらかと言うと弱いからです。この原因は多方面にわたりますが、もともと私たちの国際的地位は低く、中国が他国の命運を握ることはなかったため、それほど注目されてこなかったのです。しかし、現在では、中国の対外貿易輸出入総額は世界第二位、GDPも世界第二位となり、中国の発展が他国の貿易に影響を与え、中国の事情は世界の事情に変わりつつあります。ですから、国際社会が中国に関心を持ちはじめています。中国語は特殊な言語で、学ぶのが難しいため、中国語ができる外国人は多くありません。一方の中国では、英語がわりと普及し、二・五億人が英語を学んでいます。中国人が外国語を理解する障壁は比較的小さいのです。

スペインを訪問した際、同国の閣僚と会談し、中国にあるスペイン語のサイトや、スペイン語の雑誌などを列記したリストを渡しました。彼は、「中国は大国なのに、これほど私たちを重視してくださり、大変感動しました」と言い、続けてこう言いました。「私たちスペイン人の方は、私たちのものをわざわざ外国語へ翻訳する必要性を感じていません。全世界で約三十か国がスペイン語を使用し、アメリカのスペイン系住民は本国の人口より多いくらいです。アメリカへ発信するのに翻訳に力を入れる必要がどこにありますか」。中国語の使用人数は世界一ですが、使用しているのは中国とシンガポール、この二国だけです。ですから、言葉の壁もあって、私たちのことをあまり理解していないのです。

第二に、これは私たちの文化そのものにも関係があります。あなたはどうしてアメリカのことをそんなに知っているのですか。例えば歌手やサッカー選手、ハリウッドについてです。中国の歌手、ダンサー、映画はアメリカで流行っていますか。そうではないですね。中国に対する彼らの理解が少ないのは、国としての文化力の違いです。あなたはすでに敏感にこの問題を察知しています。外国人と接する際に、あなたの家庭や、大学、先生についてなど、中国の事情について話してみてください。中国の物語というのは各個人の物語を組み合わせたもので、誰かを感動させるのも、やはりあなた方自身の話なのです。中国を発信する自覚を持って、身の回りの出来事を話せば、それが自然と中国を発信していくことになります。

呉　先ほどの質問には、いささか混同があったように思います。中国人は外国の状況をよく知っているので、交流に長けていると言いましたが、これは海外の状況に対する理解を示すだけで、コミュニケーション能力について説明するものではありません。彼らが中国の状況について疎いのは、彼らが交流下手なのではなく、両国の情報発信が対等でないからです。

趙さんが最後に話したことに、私も賛成します。中国が発展する中で、多くの困難や危険に出会うかもしれません。他国から疑惑や憂慮を持たれたら、あなたはどうしますか。打撃を与えますか。立ち向かえば立ち向かうほど、相手の疑惑や憂慮は大きくなり、そのうちに結託して対抗されて、あなたは身動きがとれなくなってしまうでしょう。真の技量とは何でしょうか。鄧小平曰く、それは融和です。釣魚島の主権は我が国にあるが、私たちは争議を棚上げし、共同で開発しましょう、これは融和です。「一国二制度」も一種の融和形式です。あなた方は鄧小平のこうした技量に学び、あなた自身の交流を通じて、世界を平和と安定に導かなければいけません。すぐに拳を振り上げ、机をたたくようでは、敬遠されて、結果的に中国の振興を妨げるでしょう。ですから、あなた方はぜひともコミュニケーション能力を身につける必要があります。私たちの話はどうして相手を感動させられないのでしょうか。それは私たちの話が概念に片寄ってしまうからで、それでは空虚で、あまりにも抽象的です。それに引き替え、あなた方個人の物語は具体的で、人の心を動かすことができます。ですから、あなた方は身の回りの出来事を上手に語れるようになってください。

張玉婷　先生方、こんにちは。私たちの学校ではもうすぐ国際交流活動が行われ、世界各地の名門校の学生が参加することになっています。彼らにどんな記念品を贈ればいいと思いますか。お二人に教えていただきたいのですが。

趙　それについては、施大使に答えてもらいましょうか。

施燕華（注11）　物を贈るときは、相手をよく見なければなりません。海外の人と交流する場合、相手の地位や身分が非常に高いこともあれば、そうでないこともあります。かつて、江沢民主席がフランスを訪問した際、シラク夫人に美しい彫刻を贈りました。青銅で作られた松と鶴です。物を贈るときは、相手にその意味を話し、この場合は松と鶴で長寿を祈っていると説明する必要があります。時には、たいして珍しくない贈り物でも、相手が気に入ってくれるかもしれません。私たちはフランスの友人に切り紙細工を贈ったことがありますが、切り紙細工は中国の民間芸術で、文化的意義が深いため、友人はとても喜んでくれました。ですから、物を贈るときは、第一に文化的な差異に気をつけ、彼らが何を喜ぶか理解すること、第二に贈り物の内容に関わらず気持ちを込め、贈り物の実質的な価値ばかり追求するのではなく、相手の願望や品位に合っているかどうかを考えることです。あなた方大学生が接するのは、すべて文化的素養が比較的高い人です。ですから、文化的意義が深いものを選べばいいと思います。

楊穹　皆さん、こんにちは。私は上海対外貿易学院商務英語専攻の修士課程二年生です。私たちが外国人と接するとき、相手の国籍や肌の色によって、態度を変えることがあります。お二人にお伺いしたいのですが、このような現象をどう思われますか。こうした現象をどのように改善していくべきでしょうか。よろしくお願いいたします。

趙　あなたはもう自分で答えを出していて、私にその裏付けをしてほしいのですね。あなたは実際にはこうした態度を批判していますし、私もそれは正しいと思います。肌の色や国籍によって接し方を変えてはいけません。これは一種の差別です。私は二〇〇八年に、遼寧教育出版社から、『在同一世界――

11　施燕華　外交部英文専門家、元翻訳室主任、中国翻訳協会常務副会長、元ルクセンブルク大使、著名な通訳・翻訳家。

面対外国人一〇一題（同じ世界で——外国人の一〇一の質問に対して）』という本を出しています。その中の挿絵で、英語国家からの留学生が着ているシャツに、「僕は英語を教えないよ」と書いてあるものがあります。（笑い）　あまりにも多くの中国人学生が、いつも外国人留学生に英語の練習台となることを強要し、そうやって友人になろうとしたら、反感を持たれてしまうでしょう。相手に反感を持たれるような人になってはいけません。誰にでも自尊心があります。誰かを差別視するのは、自尊心に欠ける表れなのですよ。

第五章
青年へ贈る言葉

コミュニケーション能力は、ある意味、その人の能力を集中的に表すものである。能力があるのに表現が不得手な人は、「茶壷に餃子を入れる」――つまり中身があるのに、表に出られないような状態だ。一方で、交流の技量は生まれつきのものではなく、注意して学べば、次第に身につけていくことができる。あなたが交流を会得し、上手に表現できれば、さらに優位に立つことができるだろう。

一　交流、それは互いを温め合うもの

趙友良　皆さん、こんにちは。私は上海交通大学電子情報・電器工程学院の大学三年生です。私たちはよく言われる「パートナーシップ」というものを、二種類に分けて考えます。一つは直接の利益に関わり、双方にメリットがある関係です。もう一つは利益と直接の関わりがなく、一般に信用や評判によって築かれる、相互信頼関係です。では、「パートナーシップ」を結ぶ理由とは通常何でしょうか。それは今後の交流になにか影響を与えるものでしょうか。よろしくお願いします。

趙　あなたはエレクトロニクスを学んでいるようですが、使う言葉は公共関係専攻と少し似ていますね。学生同士でそのような区分は必要ありません。誰でも数人の友人がいます。どうして友人になるのでしょうか。「友人が多ければ、それだけ道も多い。敵が多ければ、それだけ壁も多い」、こうした考え方は間違っています。まず、社会組織の中で生活するには、友人をつくり、一種のぬくもりを作り出したくなります。言いたいことがあれば、両親に話すこともできますし、同級生や友人に話したいこともあるでしょう。親しい友人とは、喜びを分かち合い、苦しみを分け合うことができます。これには環境に恵まれることが肝要で、温かな環境にいれば互いに関わり合い、補い合い、助け合うことができます。手助けとは必ずしも金銭的なものではなく、より大切なのは思想的な手助けです。もちろん、生活に困っている同級生がいたら、少しばかりのお金を出してあげるのも当然ですが、友人をつくる主な目的は利益を得るためではありません。

相互信頼関係ですが、これは友人としての最低限の要求です。時間が経てば、互いに信頼関係が生ま

れます。もし相手を信じられなければ、真の友とは呼べず、ただの知り合いに過ぎないでしょう。友人の身になって考え、友人の問題を一緒に分析し、誠意をもって助け、約束は必ず実行する、これは友人としての基本条件です。曾子もこのように話しています。「吾、日に三たび吾が身を省みる。人の為に謀《はか》りて忠ならざるか、朋友と交わりて信ならざるか、習わざるを伝えしか」（『論語・学而篇』）。このうち二つは友人に対してとるべき道です。

男女に関わらず、友人を選ぶ主な基準は何でしょうか。善良です。善良でなければ、誰も友人になろうと思いません。善良であれば、誠実さがあります。誠実さがあれば、友情は長続きします。どんなに聡明な人であっても、いつも善良とは限りません。例えばいつも自分の利益ばかり考える人とは、付き合いを慎んだ方がいいでしょう。

このほか、自分の欠点を素直にさらけだすことも大切です。何の欠点も見せない人には、何かを隠していないかどうか、気をつけなければいけません。欠点のない人とは、深く付き合うことができません。なぜなら、彼には情というものがなく、自分との距離を感じてしまうからです。

もちろん、異性の友人を選ぶ場合には、考えなければいけないことが多くなります。例えば容姿、家庭、専攻などですが、これらはみな二の次で、まず大事なのは相手が善良かどうかで、成熟しているかも重要ですが、実際と合わない基準を設けることはできません。私の友人の娘はたいへん優秀ですが、友人が言うには、彼女は父親か私のような相手を探しているようです。そこで、彼女に言いました。「君の父親や私は、もう六十歳を越えている。三十歳に満たない若者に同じことを求められると思うかい？その人の可能性を見なければいけない。六十歳を基準にして三十歳の人を探しても、一人も見つけられ

ないと思うけどね」。（笑い）

呉　私も少し補足させてください。「パートナーシップ」というのはとても大きな概念です。あなたは、どのようにこの言葉が生まれたかご存知ですか。（学生は首を横に振る）

この世界は二極対立の時代を経てきました。かつて、各国は二大陣営に分かれ、同盟国でなければ敵国、というような状況でした。しかし現在では、世界は平和と発展を主題にしています。このように関係は変わったものの、お互いを友人と呼ぶことは避け、単に「パートナー」と称することにしました。これなら各国に受け入れられ、両陣営の国々が共に歩むことができるからです。ですから、この言葉は一定の歴史条件のもとで生まれました。学生同士で使うのは適切でないように思います。

二　交流は、職場をなじみのあるものにする

斉倩　皆さん、こんにちは。私は上海戯劇学院舞台美術学部の修士課程三年生です。私の理解では、交流は会話や講演とは異なり、意思の疎通が大切で、言葉を必要としないときもあります。例えば劇を通して交流する場合などです。言葉はときに誤解を生みやすいこともあります。ですから、交流には沈黙も必要なのではないでしょうか。

お二人は、交流は高度なレベルで行われなければいけないと言われましたが、それほど高度でない場合には、口を慎むことが必要ではないかと思います。両親からも、若いのだから口より手を動かせといつも言われます。一つ例を挙げると、私が最初にテレビ局の面接に行ったとき、面接官からどんな番組

が好きかと聞かれました。私が答えた番組は、すでに打ち切られていたことを知り、私は慌ててしまいました。次に、別の面接官から、「君は仕事の経験が何もないのに、どうしてこのテレビ局に来たのですか」と聞かれました。私はこれを聞いて、ひどく動揺し、対話の中にも、明らかに反発する気持ちが表れたのだと思います。結果は予想通りでした。後から思ったのですが、第一に、私には準備が足りませんでした。第二に、沈黙すべきところで動揺してしまいました。あのように挑発されたときは、沈黙で答えるべきだったのではないかと思います。

趙　沈黙は交流の主要な表現方法ではありません。双方が沈黙してしまえば、交流は難しくなるからです。ときたま起こる沈黙は、特殊な場合を除けば、いわゆる「沈黙は金、雄弁は銀」のような一種の態度にもなりますが。

あなたは経験不足で、その場に対応する訓練が足りないのであって、経験を積めばいいだけの話です。私たち二人も、最初のうちは話をするのが大変でしたが、徐々に経験を積み、絶えず総括と改善を行うことで成功しました。まず十分な準備をして、総括すれば、毎回自分の欠点が見えてきます。ただし、自信を失わず、「自分にはできる、きっとうまくやれるはず」と言い聞かせなければいけません。そして失敗を恐れないことです。経験不足は、新卒の学生なら誰でもぶつかる問題で、あなたはこう答えればよいのです。「私には経験がありませんが、この分野の理論をたくさん学び、この分野の事例をたくさん研究してきました。今後、仕事をする中で、すぐに適応できると思っています。私のことをなるべくはやく理解いただいて、私もこちらの状況をはやく理解し、お互いの理解が深まれば、さらに良い仕事ができるはずです」と。くれぐれも、「私には経験がないので、こちらで勉強させていただきます」

と言ってはいけません。これから勉強する人ではなく、良い仕事をする人が求められているのです。これは基本的な問題です。

呼延華（出版社員） 会場内の学生を代表して一つ質問をしたいと思います。彼らは今後、社会に出ていくことになります。卒業したばかりの学生は、就職して半年ほどの間に、さまざまな複雑な問題に出会うことでしょう。例えば仕事環境や、職場内の人間関係、具体的な業務への適応などで、さらに重要なのはコミュニケーションの問題です。これらの問題はすべて彼らの半年間の成長に影響し、仕事の効率や、業務成績、給与待遇、さらには上司からの印象にも影響します。実際のところ、その後の数年間への影響力も非常に大きいものです。彼らに替わってお聞きしたいのは、どのように同僚や上司と良好なコミュニケーションや交流をはかり、自分にとって居心地のいい仕事環境をつくるかということです。よろしくお願いします。

呉 卒業して、社会に足を踏み入れるには、心の準備が必要です。それまでの環境とはまったく違うものになるため、さまざまな状況に対応できるよう準備をしておかなければなりません。新しい職場に赴くときは、まず良い第一印象を与えられるよう心がけてください。人と人が接するとき、第一印象は非常に重要です。第一印象が決まる時間はとても短く、しかもいったんできあがった印象が、あなたの評価として固定されてしまいます。きっと皆さんはこんな話を聞いたことがあるでしょう。ある大企業が人材を募集したとき、床に紙が落ちていたが、面接者の誰もそれを拾おうとせず、一人だけが拾ってゴミ箱に入れました。経営者は彼のことが気に入り、すぐに採用したということです。もちろんこれは大げさに言ったものでしょうが、誰かと初めて会うときは、少なくとも相手に好印象を与えなければいけません。職場に配属されたら、勤勉になって、どこか散らかっていたら、自分からそれを片付けてください。ポットのお湯がなくなっていたら、自分で汲みに行ってください。誰かが困っていたら、自分から手助けを申し出てください。今の中国人は、他人のことを気にかけないという悪い癖があります。道で誰かにぶつかっても、「すいません」の一言もなく、相手を押しのけて悠然と先へ進むようでは、礼節ある態度とは言えません。

次に、努力は必要ですが、功を焦ってはいけません。国営企業にしろ、民間企業にしろ、採用されるのは、あなたの技能を認めてもらったからです。あなたにはいったいどのような能力があるのでしょうか。それを理解してもらう方法を考えることが、長期的に雇用されるかどうかの重要な基準になります。しかし、急いで成果を求めてはならず、そうすると往々にして浅薄になり、逆に悪い結果を招いてしまいます。自分は何が分かって、何が分からないのかをしっかり観察し、本当に分かるようになったときに、自分の知識を手堅く披露できれば、好印象を与えることができるでしょう。

三番目に、チームワークが大切です。職場にはいろいろな人がいます。上司、同僚、それに企業幹部、あなたはどうやって彼らとの交流を進めますか。特に何かのプロジェクトを複数人で行うときは、チームワークがとりわけ重要になります。大きな仕事ができるかどうかは、その人にチームスピリットが備わっているかどうかがポイントになります。比較的難しい状況に置かれて、方策を考えて全力を尽くし、自分の能力を示すときは、自分の明らかな強みを落ち着いて展開しなければなりません。同時に、譲り合いについて学び、周囲の人とよく協力し、ひどい剣幕で誰かに迫ったり、あるいは急いで誰かを変えようとしたりしてはいけません。他人を変えるのは困難で、自分を変える方がどちらかというとやさしいものです。自分の力を過小評価してはいけません。

趙　あなた方の社会への第一歩は、新しい環境に適応することです。私は何度か職場を変わりましたが、「たくさん教わり、少しだけ意見する」を自分の原則としました。少なくとも最初の三カ月は、あなたの意見は間違っているかもしれませんし、浅はかなものかもしれません。半年経っても大きな提案は控えた方がいいでしょう。異動してきたばかりで誰かを指導するのは謙虚でないとか、そういう問題ではなく、着任早々は間違いを犯す可能性があり、また周囲から疎まれることになりかねないからです。最初のうちは、分からないことが多いはずなので、必ず誰かに教えてもらってください。たとえ基本的な質問であっても、誰もあなたのことを笑わないはずです。あなたが若くて、仕事を始めて間がなければ、その質問は幼稚なものかもしれないし、あるいはとても重要で、その企業の従来のモットーを覆すものであるかもしれません。半年過ぎれば、あなたも良い提案をすることができるでしょう。これがあなたの成功の第一歩です。

陳冬梅　先生方、こんにちは。私は華東師範大学放送学院の二〇一〇年入学生です。私の質問は、先ほど呼先生がおっしゃったものと似ています。私たちは間もなく卒業し、社会に入っていきますが、管理職とどのように交流するのが適切なのでしょうか。もしご意見いただけるのならば、いわゆる技術や学問のようなものはあるのでしょうか。

趙　意見を提出するときは、なるべく正確を期し、真剣に考えを巡らし、職場の歴史や現実をよく理解した上で行ってください。上司に何か意見があるときに、陰でこそこそ言ってはいけません。陰で言うのは利より害のほうが多いものです。

呉　まず、若者が職場に配属されて、何か問題を見つけるのは、頭を働かせている証拠なので、称賛されるべきです。ただし、趙さんが言ったように、あなた方はまだ若く、職場の経緯をよく分かっていないので、どうにか研究する方法を見つけ、その問題がどのように形成されたかを調べなければなりません。意見を正式に提出する前に、たくさん質問をして、意見する内容をさらに全面的にしてもいいでしょう。それから、新しい職場に移って、最初に意見を出すときは、周囲の人から注目されます。これは貴重な機会であり、あなたの学識や才気を発揮する機会ですが、慎重に事を運び、自分の意見をできるだけ行き届いたものにする必要があります。

第六章
中国人は中国の夢を見る

半世紀もの間、両者は常に中国と世界の変化を見つめ、それぞれ卓越した交流の技術をもって、中国と世界の橋渡しをしてきた。一人は世界に向かって中国を説明することに力を尽くし、一人は堅実で透明に近い態度で中国の利益を守った。彼らの心の中には、一貫して国家の夢がある。夢がなければ、追い求めるものもなく、流れのままに漂うだけだ。夢は人類が共同で追い求めるものであり、世界各国の誰もが自身の夢を持つ。中国とてその例外ではない。

理想は、あなたを前進させる

趙　これが最後の対話になりますが、私に一つ提案があります。皆さん、それぞれ自分の理想や夢を語ってもらえませんか。例えば、卒業後にどんな事業をしたいか、どのように発展したいか、どのように自分を進歩させたいかなどです。夢を広げるうちに、理想があなたを前へ導くことに気づくはずです。どんな困難が待ち受けているか、その困難にどのように対処するかなど、予想してもいいでしょう。あなたの夢はあなたが進む方向に影響します。在学中は優秀だった博士が、数年たって再会すると、まったく博士らしくない感じを受けることがあります。また、数年間で大きく成長し、まさに「士別れて三日なれば、刮目して相待つべし」と感じさせる人もいます。ですから、夢はあなたを導くのです。卒業して十年、二十年たつと、同級生の間でも違いが大きくなり、まったく別の道やレベルに身を置くこともあるのです。

呉大使は年に一度、「中国の夢、調和のとれた世界」と題したフォーラムを主宰していました。私は発言を促され、次のように話しました。「中国の夢は、私たち中国人の夢から構成されるものです。中国人それぞれの夢に共通する部分、それを中国の夢と総括できます」。誰もが中国の夢について語ることができます。それはあなた個人が想像し、あなたが作り上げた中国の夢です。中国の夢で、最も重要なのはあなた方の夢です。私たちの夢はもはやそれほど重要ではありません。なぜなら私たちは年を取りすぎていますから。あなた方は違います。私たちの夢は、あなた方が光り輝く人となって、自分のためではなく、社会へ貢献するために力を発揮することです。

呉　ちょっと質問させてください。マイヤさん、あなたはどんな夢をもって中国へ来たのですか。

マイヤ　私の夢は現代劇を通じて、中国とスウェーデンをつなぐ架け橋を築くことです。たとえば上海戯劇学院は、スウェーデンの代表的な戯曲『令嬢ジュリー』を京劇にアレンジし、スウェーデンで上演して、好評を得ました。以前に、外国人が京劇を観ても、騒音に聞こえるばかりで内容が分からない、三時間も客席に座って何も理解できないのは耐えられない、と聞いたことがあります。しかし、誰もが知っている物語を京劇に仕立てれば、共通の土台があるため、お互いの文化交流のきっかけとなるでしょう。

呉　あなたはどうして架け橋を築きたいと思ったのですか。その夢はどのようにして生まれたのでしょうか。

マイヤ　中国に来てからというもの、頭の中に一つの映像が描かれています。それが橋です。中国と諸外国の間には多くの誤解があり、多くの外国人はニュースを見ただけで、中国がどんな様子かを分かったつもりになりますが、実際は真実の姿を理解しておらず、私もそれをどうやって説明すればいいのか分かりません。もし演劇を上演し、それをゆったりと座って観てもらえたなら、私たちはそこから話し合いを始めることができます。彼らが何に注目し、どのように理解したのか、などについてです。こうして、私たちは意思の疎通をはかることができます。

呉　それは興味深いですね。

楼　私たちが演ずる京劇は、どれも中国人ならよく知っている物語ですが、はるか昔の出来事ということもあり、外国人には理解しがたく、せいぜいその賑わいを楽しむくらいになってしまいます。そこで、当校の先生方が、外国人になじみのある物語を京劇にあらためました。こうすれば外国人にも理解しやすく、京劇の良さを分かってもらえます。ですから、意思の疎通をはかるときは、相手を考慮し、相手の受容性を考慮しなければなりません。

趙　出演者はスウェーデンの衣装を着るのですか。

楼　全員、京劇の衣装です。

趙　ああ、中国人の話にするのですね。でも、内容は彼らのもので。

楼　話の原型は外国のものを用い、衣装は中国風にします。中国人の様式で、海外の観衆がよく知っていることを語ると、彼らにも理解しやすく、喜んでもらえます。これも一種の交流形式です。

マイヤ　中国と海外との交流では、経済や政治について意見を交わすだけでなく、文化についても話し合うべきです。これはすべての人に関係のあることです。

呉　人々を結びつける、たいへん高尚な夢ですね。この世界にはたくさんの問題がありますが、いずれも相互理解が不十分なために、お互いに先入観が生まれ、さまざまな衝突が起こるのです。すすんで架け橋になろうとする態度は、たいへん立派です。

楼　前回の上演は、スウェーデンの新聞にも報道されました。上演は、ちょうど莫言がノーベル賞を受賞した日です。ですから、新聞の紙面に、莫言と当校の写真が同時に掲載され、中国の文化に関する二つのニュースがスウェーデンの大手紙で報じられることになりました。

趙　ネット上でもそのニュースは探せますか。ぜひ見てみたいものです。

楼　どこでも見つけられますよ。

熊子恵　皆さん、こんにちは。私は上海戯劇学院監督学部を卒業し、現在は青年指導員として学校に残っています。八〇年代生まれです。夜に見る夢の中でしようと思うことは、ただの夢想ですが、目覚めてからもやろうと思うことは理想になる、と聞いたことがあります。お二人にお伺いしたいのですが、「夢想」と「理想」の二つの概念について、どのようにお考えでしょうか。

趙　今日の私たちの話し合いこそ一つの概念――「理想」であり、「夢」あるいは「夢想」と称されるもので、決して白昼夢ではなく、民族や国の前途に関する理想です。

熊子恵　在学中はたくさんの夢を持っていましたが、就職後、私の夢は少し現実的になったと気づきました。例を挙げると、二〇一二年七月に、私は四十二日間かけて、自分で車を運転してチベットへ行きました。最も走りづらい道を選び、いろいろなものを見聞きし、辺境地区も訪れました。出発するときはあまり多くを考えず、ずっとやってみたいと思っていたことなので、実行に移しました。しかし帰ってから、あらためて思い返すと、少々無理な挑戦をしたことに気づきました。道中でうっかり崖下へ転落した可能性もあったわけです。思い返すと、この夢のために、私は命をかける必要があったのでしょうか。つまり、挑戦の基準はどこにあるのでしょうか。お二人の意見をお伺いしてみたいと思うのですが。

趙　あなたは他の学生より少し年上なので、わりと成熟した発言をされましたね。確かに、夢にはいろいろなものがあります。自分の車でチベットに行くというのがあなたの夢でしたが、それは最高レベルの夢ではなく、生活の中の一コマにすぎません。マーティン・ルーサー・キングの夢は偉大でした。彼はアメリカで白人と黒人が一緒に暮らすことを望みました。これは革命的な夢で、全人類に向けたものです。最終的に、彼はこの夢のために犠牲になりましたが、価値ある人生だったと思います。あなたがチベットへの道中で事故を起こし、命を落としたとしても、それはただ命を落としたというだけです。

夢は確かに現実的にならなくてはいけません。チベットへ行くには、車の状態や、自分の運転技術などを事前に考える必要があります。これはあなたの能力やそれまでの基盤と関係します。夢が現実から完全にかけ離れていたら、それは空虚な夢に過ぎません。いわゆる現実性とは、あなたの能力だけでなく、あなたのバックグラウンドや、そのときの状況にも影響されます。

呉　二〇〇六年から二〇〇八年にかけて、外交学院、北京外国語大学、天津外語学院、北京語言大学の共催で、「中国の夢、調和のとれた世界」というシンポジウムを行いました。合計で三回、趙さんや、全国政治協商会議副主席の王志珍氏、浙江正泰集団の南存輝氏、聯想集団の柳伝志氏、蒙牛乳業の牛根生氏、豊田章一郎氏ら各界で成功した人物を招き、それぞれの経歴を話してもらいました。私はどうしてこのアイデアを思いついたのでしょうか。それは、夢は人が追い求めるものであり、求めるものを持っている人と持っていない人とでは、大きな違いが生まれるからです。

外交学院にいたころ、新入生が入ってくるたびに、私はある要望――追い求めるものを持つこと、を彼らに話していました。求めるものが大きければ、それは目標となり、自分の行動をしっかりと捉えることができます。あなた方がいま生活する時代は、私たちの学生時代とは大きく異なり、さまざまな誘惑があるため、うまく対処しないとつまずいてしまうでしょう。ですから、夢を持つことはとても大切です。夢はあなたを前へ進ませ、何かを追い求め、努力させてくれます。妻の施燕華一家が寧波から上海へ移ったときも、彼らには夢がありました。故郷では暮らしが成り立たなかったため、上海で自分たちの運命を変えようと思ったのです。私たち誰もが夢を持っています。これは全人類に共通することです。成功した人物に彼らのストーリーを語ってもらったのは、若い人たちが彼らにあこがれ、彼らがどのように成功したのかを考えることで、自分の志を立て、それを追い求めることができると考えたからです。

趙 呉大使、思い切って上海戯劇学院でフォーラムをやったらいかがですか。ここの専攻は最も人間味にあふれ、人との関係に密接なものです。私は核物理を学びましたが、それは毎日物質と向き合い、物質に愛されることもありません。その点、ここは人と向き合うので、愛情も期待できますよ。(笑い)

呉 非常に賛成です。夢は現在の中国人にとって、たいへん重要です。どうして多くの人がすぐに打ちのめされ、救いようのない状態になってしまうのでしょうか。それは励みになるようなものがなく、努力する目標がないからです。人は一生、奮闘を続けるもので、振り返ったときに、自分は十分やったと思えたなら、無駄な人生などありません。アメリカ人にはアメリカの夢があり、中国人には中国の夢があり、内容は違うかもしれませんが、どちらにも夢があり、互いに通じ合うものです。これは人類共通の価値であり、誰もが夢を持っていて、ひとつひとつの夢が一人一人を動かし、人類に、世界に、国家に、民族にとって、何らかの役割を果たすのだと思います。人類社会はこのように進歩していくのです。

二 自分の道をどのように選ぶか

趙 何も夢を持たず、毎日を愉快に過ごし、明日や明後日のことなど関係ないと思うのも、一種の生活態度でしょう。こうした態度は消極的です。若い人は積極的な人生の目標を持たなければなりません。

鄧啓倫　皆さん、こんにちは。私は上海戯劇学院演出専攻の修士課程二年生で、一九八八年生まれ、あと一年ほどで就職しなければなりません。夢という言葉は、まさに人の心を揺さぶりますが、私たち世代は日々高騰する住宅価格をはじめ、さまざまな現実の重圧に向き合い、理想と現実の間で選択を迫られることが多々あります。求職活動については、自分の興味や関心によって職業を選択するべきでしょうか。それとも、労働環境は優れているものの、自己に内在する意欲が燃え上がらない職業を選択するべきしょうか。お二人に、ぜひ自分の経歴と結びつけてお話いただきたいのですが、このような選択肢があらわれた場合、いったいどうしたらいいのでしょうか。

趙　あなたの質問は非常に現実的で、誰もが出会うことです。私は一九六三年に大学を卒業しました。そのころは大学生の数も少なかったので、職業の選択肢もそれほどありませんでした。大学入試は一九五八年で、有名大学の募集人数はわずか十万人、現在は六百万から七百万ほどになっているかと思いますが、その間、我が国の総人口は二倍になったにすぎません。ですから、そのころの大学生はとても貴重な存在で、仕事はすべて国家が割り振っていました。そのため、失業という言葉もありませんでした。もちろん、自分の希望を出すこともできます。例えば、北京、西北部の大砂漠、農村や郊外地域といったように、七、八カ所のポストが提示されることもあります。また、理論的な仕事であったり、製造現場であったり、ということもあります。快適さを求めるのなら、もちろん北京や上海へ行くべきで、当時ほかの地方はそれほど発達していませんでした。私の専攻の場合、心から偉大なことをしたいと望むのなら、大砂漠へ行くべきでした。その人によって希望は異なりますが、最終的にはみんな組織の割り当てに従いました。卒業して五十年になろうとする中、それぞれが各人なりの貢献をしています。

苦しい選択を迫られたときはどうしたらいいでしょうか。統一された答えはありません。大切なのは、やはり興味が持てるかどうかで、好きであることが最大の原動力になります。好きでもないことをやるのは、大変な苦痛です。ですから、私の意見としては、好きなことを一番に考えてください。ただし、特殊な事情がある場合には、収入を真っ先に考えることもあるでしょう。

呉 あなたの質問ですが、私たち世代には存在しなかった問題です。いま、あなた方に選択肢があるということは、中国社会の進歩を意味しています。私たち世代は「ねじ」のような役割を果たし、配属されたところで、与えられた仕事を行うことが提唱されました。選択の際には、おそらく二つの状況に直面することと思います。一つは方向性が比較的明確で、労働環境がわりと良くて、生活条件も悪くなく、あなたが十分その任に堪えることができるものです。もう一つは挑戦性が比較的高く、どこへ道が続いているのかはっきり分からず、リスクがある仕事です。もし私がもう一度若者に戻ったら、私の性格からして、まちがいなく挑戦性の高い仕事を選ぶでしょう。それはやったことがない仕事だからです。もちろん、あなたは快適な道を選んでもかまいません。人にはそれぞれ自分の意志があります。

丘鵬飛 皆さん、こんにちは。私は上海戯劇学院の三年生で、九〇年代生まれです。私の最初の夢は、この学校で勉強することで、自分の関心によって専攻を選びました。しかし、学んでいく中で、私は何度か挫折し、こうした挫折から、この専攻は本当に自分に合っているのかという疑問が生まれました。両親の勧めに従って、総合大学を選んでいたら、今よりも順調だったのではないか、と。そこで、お二人にお聞きしたいのですが、専攻を選ぶとき、私たちは自分の関心に従うべきでしょうか、それとも自分の実力を考えるべきなのでしょうか。

趙　中学や高校のころの夢は実に多種多様で、このときの夢が将来どの大学を受験するか、どの専攻を選ぶかを決定づけます。見通しがつかないこともあるでしょう。高校生の時点では、自分のことはいくらか分かっても、大学内の専攻についてはそれほど知識がないからです。戯劇学院がどんなところなのかは、頭の中で想像するしかなかったはずです。入学してから、自分はこの専攻より、他の専攻のほうが向いていたと気づくことがあるのも、無理はありません。現在、中国の教育システムは改善され、専攻を変えることも可能になりました。専攻を変えるだけでなく、転校も可能になれば、さらに好ましいのではないかと思っています。

ただし、あなたも少しばかりの挫折で安易に自分を否定せず、自分が本当に向いていなかったのかどうか熟考してから、再度選択をしてください。最初の選択が間違っていたのだとしたら、専攻を変える際にも間違う恐れがあります。先生に相談してみるのもよいでしょう。先生はたくさんの学生を見ているので、あなたと同じようなタイプの学生を知っているかもしれません。何かアドバイスをもらえるのではないでしょうか。ともかく、安易に自分を否定しないでください。一度そうしてしまうと、また同じようなことを繰り返すかもしれません。専攻にしても、生活上の出来事にしても、です。結婚してすぐに、「二人の性格がこれほど違うとは思わなかった。すまないが、これで終わりにしよう」と相手に告げ、次に出会った恋人にも、「見る目がなかった。すまない」と言うのは、いかがなものかと思いますよね。（笑い）

専攻を選ぶのも、仕事を選ぶのも同じことで、軽々しく変えるのではなく、さらに努力を続けることで、成功できるかもしれません。

呉 私たちのような年代は、自分が来た道を振り返ることが好きですが、時には自分があまり分かっていなかったことに気づきます。多くの場合、人の潜在能力は何かに挑戦するときに発揮され、事前には分からず、そうした環境の中に置かれることで顕在化するのです。自分で選んだものを、安易に変えてはいけません。なぜなら、あなたはまだ自分を本当に理解しているわけではないからです。（拍手）

交流、それは成功のとびらを開くカギである

趙 私の弟はアメリカで比較文学研究をしています。彼によれば、「成功は機会に勤勉を加えたものに等しい」とよく言われるが、これには欠陥がある、「加えた」ではなく「乗じた」としたほうがより完全になる、ということです。単に勤勉を「加えた」だけでは、勤勉でなくとも、機会があればある程度まで成功できることになりますが、ただ座って機会を待つだけでいいのでしょうか。もし「乗じた」とするならば、機会があっても勤勉でない人は、相乗した結果がゼロになります。一生のうちに必ず何らかの機会は巡ってくるものです。ましてや努力によって、その機会をつかみとる場合もあるはずです。

さらに話を広げて、いくつかの要素を掛け合わせてもいいかもしれません。健康、素養、知識、コミュニケーション能力……なかでも重要なのがコミュニケーション能力です。功績あるいは貢献は、勤勉に機会と知識とコミュニケーション能力を掛けたものに等しい、という具合です。もちろん、知識もまた、勤勉や機会と関係があります。「掛ける」という意味を説明するために、博士課程の学生の知識を九、

修士課程の学生の知識を八、学部生の知識を七、高専課程の学生の知識を六、高校生の知識を五と仮定しましょう。コミュニケーション能力については最高レベルを一としたら、合格レベルは〇・六となり、コミュニケーション能力が高い人はたとえ学歴が低くても、学歴が高い人より成功する可能性が高まります。当然、仕事の分野が違えば、状況も異なります。また、この公式で「成功」を「功績」に変えたのは、成功の基準を定義することが難しいのに対し、功績は数値で表され、理解しやすいからです。

呉　その計算方法に賛成です。フランスの免疫学者であるパスツールは、「チャンスは準備された心に降り立つ」という有名な言葉を残しています。しかし角度を変えれば、交流は成功のとびらを開くカギと言えるのではないでしょうか。自分の能力をどうやって周囲に理解してもらえばいいと思いますか。才能がありながら認められないと嘆いたところで、周りに伝えなければ始まりません。何らかの場面で表に示すことが必要で、コミュニケーション能力は外部にあなたの才能を認識させるカギとなります。その人本来の能力を十、コミュニケーション能力を〇・九とし、それを掛け合わせたら、外部から見える能力は九です。一方で、本来の能力は十でも、コミュニケーション能力が〇・一の場合は、外部から見える能力が一になってしまいます。ですから、交流の重要性はこういうところにあるのです。（万雷の拍手）

呼　この二日間、外は長雨が降り続きましたが、私たちのいる会場内には思想という太陽が輝き、私はたいへんな刺激を受けました。ここで私の経歴について少しお話ししたいと思います。一九九四年に、中国人民大学を卒業し、二〇〇四年まで新聞社で働きました。この十年の間に、新聞を作り、刊行物を発行し、出版に携わり、いくらかの業績を挙げたことで、権威ある媒体から「この十年間で中国における閲読に影響を与えた人物」の一人に選ばれ、「呼延華は閲読における中国の上限を書き換えた」と言われました。いくつかの理由によって、私は出版業界の仕事を離れ、二〇一〇年に再び戻ってきました。そのとき、私は微博（ウェイボー）の紹介文に、「夢の始まりであり、思想が集う場所への回帰」と書きました。出版業界や新聞業界の仲間は私のことを覚えていて、私の微博にはわずかな時間で九十万人のフォロワーがつきました。私はここで自分の夢について話しておきたいのですが、どうして私は出版業に戻ろうと思ったのでしょうか。中国では、出版業界に対する管理が相対的に厳しく、私が行っているのは民間出版なので、多くの障壁があり、とても大変ですが、その挑戦に応じ、当初の夢とともに前進したいと思い、戻ることを選択しました。

しかし、戻ってみると、時代が変わり、大きな変化が起こっていました。広西師範大学出版社で副社長兼副編集長をしていたころは、夢が非常に鮮明で直接的でした。しかし現在では、思想が多元化し、テーマも多元化し、出版では主題の変化が起こりました。出版業界の主題の変遷は、二十年間の中国社会の変遷の縮図でもあります。さらに、デジタル化の時代がやってきて、従来の出版業に大きな影響を与えています。従来の紙主体の出版では、コンテンツにしてもパッケージにしても、あるいは市場展開や業務管理にしても、システムの刷新を含め、すべて自分が業界をリードしている実感がありました。ところが復帰後は、デジタル出版を行うだけの資金がなく、リーダーになれないことに気づきました。国内でも海外でも、現在のデジタル出版は投資をまだ回収できない段階で、そのため、私の夢は大きな試練に直面しています。夢を実現する過程に大きな障害があるのです。

私は高尚で、収集価値の高い作品を作りたいと思っています。しかし、私の市場はどこにあるのでしょうか。仲間たちをどうやって夢の実現へ向かわせたらいいのでしょうか。彼らの夢は北京で余裕をもった生活を送ること、そして自分の好きな仕事を行うことです。彼らは本が好きで、思想が好きで、文化が好きな、私が選んだ人材です。私は一人の管理者として、彼らの先頭に立ち、彼らが高慢にも卑屈にもならず、この都市で余裕をもった生活を送れるようにしてやらなければなりません。少なくとも数年間のうちに、いくらか余裕をもって北京で生活できるように、です。私がいま抱えている課題は、市場全体に対するデジタル出版の影響です。主題の変化もまた、私の当初の夢を打ち砕きました。ですから、私は再び夢を耕さなければなりません。知恵のある二人の指導者に、何かアイデアをいただけたらと思っています。

趙　あなたは学生たちの親世代になりますよね。

呼　七〇年代生まれです。

趙　学生たちのほとんどが九〇年代生まれですから、差は二十年、ちょうど一世代違うことになりますね。皆さん、彼はいま、ひとつの事例を提供してくれました。彼には夢がありますが、実現するのは容易ではありません。かつては、まずまずの成功を収めていましたが、環境の変化があり、いまだ十分とは言えません。夢と環境には密接な関係があります。最初に出版事業に携わっていたころは、デジタル出版が盛んではありませんでした。それは突然世の中にあらわれ、世界的な大手新聞社が紙版の発行を停止し、デジタル版へ切り替えました。あなたならどのように闘いますか。時代の流れに乗り、デジタル出版界の英雄になればいいと言う人もいるかもしれません。また、「紙版の出版の伝統を守り、再び輝きを取り戻す」と言う人もいるかもしれません。どうでしょう。これはあなたが自分で判断することで、あなたの勇気と基礎的能力によって決まります。理想と現実の間の距離は、どうにかして立ち向かわなければなりません。人生は有限です。七〇年代生まれなら、あと二十年から三十年は努力を続ける時期です。成功をお祈りします。

先ほど話したように、成功は勤勉に機会を乗じたもの、もしくは他の項目を掛け合わせたものに等しく、機会があっても、あなたが努力を怠れば結果はゼロとなり、失敗に終わります。機会を認識し、利用することが大切で、それは航海する時に風向きを読む重要性と同じです。中国には郭川（注12）という若い航海家がいますが、彼は一人で四十フィートのヨットを操って地球を一周し、世界記録に挑戦しようとしています。衛星電話を通じて、今日、彼と話ができました。彼の船は南シナ海付近に停まっています。七日間風が吹いていないので、七日間停泊しているのです。今後も風の吹かない場所がでてくるでしょう。本当に勇敢な人物です。何か一言求められ、このような対句を贈りました――「孤帆不孤、十三億人同在。遠影雖遠、四万公里即帰」（孤帆は孤独ではなく、十三億人が共にいる。遠影は遠けれど、四万キロでたちまち帰る）。扁額には「堅持即勝利」と書きました。彼は、「体調については心配していませんが、精神的なダメージが気にかかります。そうなったら頭がおかしくなってしまうかもしれません」と言いました。一人ではどんなに孤独を感じることでしょう。何カ月も海の上を漂い、食べるものも着るものも不充分で、ぐっすり眠ることすらできません。眠っているうちにどこかへ流されてしまうから

12　当時四十八歳の郭川は、二〇一二年十一月十八日から二〇一三年四月五日にかけて、四十フィートの「青島号」を操り、中国人として初の単独無寄港世界一周を達成した。

です。彼の話では、耳栓と目覚まし時計を用意し、二十分ごとに音を鳴らして、起きて羅針盤を確認し、帆の向きを調整するということです。世界一周航海という夢の実現には、たくさんの条件がありました。まず船が必要です。さらに航海の知識と、体力が必要になります。夢の実現は順風満帆というわけにはいかず、人生の道のりに正解はありません。最後はやはり自分で決断しなければならないのです。

呉　呼延華先生がお話になった経歴に関して、少し意見を述べさせてください。夢というものは絶えず調整されるものではないかと思います。大学を卒業し、新聞社に入って成功し、出版業でも成功をおさめました。数年後に、状況が変化し、新たな課題に向き合えば、そのときは調整が必要になります。私たちはいつも調整の過程にいます。若いころは大きな夢を抱くもので、この世に生まれたからには何かを成し遂げたい、自分や家族のために、あるいは国や世界のために、何かを成し遂げたいと思うものです。まず大きな目標を持ち、そしてそれを進める中で絶えず調整をしていくのです。

私は最初の十年間、一九六一年から一九七一年まで、ずっと通訳をしていました。通訳の職務をまっとうするつもりでしたが、その後、外交関係を担当することになりました。はじめは分からないことだらけで、具体的な職務をいくつか行うだけでしたが、指導職になり、呼さんのように先頭に立って仕事をする立場になりました。さらにブリュッセルへ赴任し、より業務範囲が拡大しました。こうした過程において、私は常にベストを尽くし、平均点で満足せず、どんなことに対しても、さらに良い結果を求めました。振り返ってみると、いつも何かしらの意味があったことに気づくものです。呼さんは出版業で成功をおさめました。とても感覚が鋭い人です。私が外交学院にいたとき、私の本を出版したいとやってきました。私はその時、ちょうど外交事例に関する本を書きたいと思っていました。それまで中国で外交事例に関する著作はなく、厳重に機密が守られていたのですが、私はすでに退職していたので、それを書くつもりだと話すと、彼はすぐに登録手続きを行い、自分のところで出版したいと言ってきました。このように、彼は仕事に対する熱意が素晴らしく、新しい情報をつかむことに長けています。『外交案例』(外交事例、二〇一〇年、中国人民大学出版社)は、このジャンルで初めての本ということもあり、まずまずの売れ行きを見せました。いま続編を書いていますが、今後も継続して書き続けたいと思っています。

要するに、人には目標が必要で、自分の人生の価値は何か、何をするために生まれてきたのかを、考えなければなりません。これはすぐに変わるものではなく、変わるといささか厄介です。ただし、各段階で具体化する場合には、環境に応じて適度な調整を行う必要があるかもしれません。

若いころの鋭気を忘れずに

陶文暁　先生方、こんにちは。私は上海戯劇学院映像文学専攻の三年生です。私の夢は果てしないように聞こえますが、専攻と直接関係があって、プロの脚本家になることです。どうして果てしないと思ってしまうのでしょうか。それは、無名の脚本助手からスタートするわけですが、私が提出した脚本に対し、プロデューサーは任意の場所に広告を入れたり、プロットを書き換えたり、まったくつながりのない話を一緒にしてしまったりします。先日は、あるシーンについて先輩と話し合い、自分でも感情が揺さぶられるほど、その話し合いが盛り上がったのですが、監督の演出は、私たちが想像していたものとまったく違っていました。お二人にお伺いしたいのですが、夢を実現する過程では、魅力的に聞こえるものは絶えず修正を迫られ、現実的なものは常に妥協を迫られるものなのでしょうか。

趙　夢を実現するためには、あなたは年長者を含め、関係者を説得しなければならず、それにはあなたのコミュニケーション能力が問われます。上司を感動させ、説得することができれば、あなたのコミュニケーション能力は優れていると言えるでしょう。上司の権威をおそれず、謙虚に自分の考えを述べ、ポイントを理解してほしいと望めば、少なくともある程度の共通認識を得られるはずです。一部でも理解してもらえれば、あなたは成功したことになります。まず一定の努力を続け、十分なコミュニケーションをはかることが必要で、うつうつと悩んでばかりはいられません。

以前、私が研究機関にいたころ、「良き被指導者は、指導者を指導することができる」と発言した上司がいて、当時この発言は批判されました。しかし、実際には彼の言った通りで、指導者には幅広い知識が求められ、そうでなければ他人を指導できようがないのですが、理解が十分でない領域もあるはずです。ですから、説得する方法を考え、さらに上司に判断の余地を与え、プライドを傷つけないように配慮すれば、きっと成功できるでしょう。

呉　先ほどの事例について、あなたは妥協することもできますが、決して安易にあきらめないことです。あなたがたは若く、頭が柔らかいので、ときにはとても生命力のあるインスピレーションが湧いてくるものです。ただ、少し年配の先生には、否定されることもあるでしょう。その否定は正しいかもしれないし、間違っているかもしれません。複数の友人と話し合って得られた感動は、きっと素晴らしいものでしょう。ただ、監督に否定されたのなら、あなたは受け入れるよりほかありません。彼のほうが職位は上で、あなたには決定権がないのですから。しかし、すぐに捨て去るのではなく、その素晴らしいインスピレーションを、大事にしまっておけばいいのです。今回はだめでも、いつか再び表に出せば、そのときは成功するかもしれません。あなたは先ほど、常に妥協を強いられると言いましたが、才気をすべて失ってしまった人は、何の趣もなくなってしまいます。ですから、若者ならではの想いをすぐに放り出すのではなく、上手にとっておく方法を考えてください。

趙璐　先生方、こんにちは。私は上海戯劇学院の修士課程二年生で、今年二十四歳になります。私個人の意見として、夢は修正されるのではなく、修正されるのはただの生活目標ではないかと思います。夢はもともと現実離れしたもので、そうであるからこそ、実現が難しく、魅力と誘惑に満ちあふれ、私たちはそれを夢と呼ぶのではないでしょうか。修正が可能で、自分で簡単に変更できるようなものは、とても夢とは呼べず、ただの生活目標なのではないでしょうか。

趙　あなたの「夢」の解釈は文学的ですね。夢にはもともと厳密な定義というものはありません。それぞれの人に、それぞれの解釈があります。あなたは夢を信仰と解釈し、信仰は簡単に修正できるものではないので、簡単に修正できるものは人生の計画や戦略だ、と言っているのですね。

張加佳(学生)　先ほどの学生は脚本家になりたいと言いましたが、私が思うに、それは彼女の生活目標であって、心の奥底では劇作家になり、一流の劇作家たちと同じように自分の作品を広めたいと思っているはずです。後者のほうが夢と呼べるもので、どんな職業につくかは目標でしかありません。体力のない女性がチベットに行こうと思ったら、そのために自分を変える努力をし、さまざまな条件を備える必要がありますが、それでこそ夢と呼べるのではないかと思います。私はいつも、夢という言葉の重さを感じていて、それは理想的な意味合いを帯びているのではないかと思っています。

趙　そうかもしれませんね。夢は、人によって解釈が異なるものです。ジェレミー・リフキンの『ヨーロピアン・ドリーム』という本があります。ヨーロッパには共通の夢があるのでしょうか。皆さんご存知のように、現在、ヨーロッパはユーロ危機のさなかにあり、GDPの一・五倍の債務を抱え、すでに「財政の崖（注13）」を迎えた国もあります。政府は歳出を続けることができません。しかし、彼らはなお享楽を望み、「私たちは、やはり楽しみと、国家の補助を必要としている。私たちは生活費を切り詰めることはできない。首相になる者は解決策を考えろ、でなければデモ行進を行う」と言います。これはヨーロピアン・ドリームの一種ですが、もしかしたらヨーロッパの他の国の人は、このように思わないかもしれません。全世界がこのような虫のいい主張を訴えたら、この世界を維持していけません。中国人は借金を好まず、せっせと働いて家を持とうと考えます。働いて富を築くのが中国人の伝統です。アメリカ人の貯蓄率はとても低く、一％から二％しかありません。彼らはお金を貯めず、先に楽しんでしまうのです。私たち中国人はどうして財布のひもを絞めるのか。それは文化の違いです。

ですから、文化背景が異なる人には異なる夢があります。ただし、比較的大きい夢が必ずあるはずです。それは皆さんの夢に共通するもの、また「中国の夢」の核心部分なのです。

困難を恐れず、最高の自分であれ

陳斯然　皆さん、こんにちは。私は上海戯劇学院の事務室で、管理業務を担当しています。私が思うに、夢はまず想いつづけること、そうできないのなら、夢が実現するはずはないと思っています。私の夢は、自分の人生を振り返るときに、誰か、あるいは何人か、それどころか大勢の人に影響を与えた、祖国の発展に自分が力を尽くしたと思えることです。学部を終えたあと、教育学修士課程に専攻を変えた理由のひとつがこれであり、私は教育分野で何かを成し遂げたいと思っています。

しかし、私は今、学校内の多くの管理職員が抱くのと同じ戸惑いを覚えています。高等教育機関の現状として、教師のほとんどが高学歴となり、母校にとどまり教育事業に関わるのはますます難しくなっています。お二人の経歴を伺うと、最初は通訳や核物理研究者をなさって、その後、外交官と副市長になりました。もちろん、その中で努力を続けられたのでしょうが、その努力が報われるような、政策の後押しがありました。趙主任は一九八一年にアメリカを訪問、呉大使は外交部にいたので、海外訪問の機会はさらに多かったはずです。しかし、現在の私たちには、こうしたチャンスが不足しています。

私たちは現在、教学部門、管理部門、教材部門、科学研究部門という四つの部署に主に分かれています。そのうち教学と科学研究はどちらも研究を行いますし、教材部門も技術職にあたるので、管理業務を行う職員だけがわりと独立した状態に置かれています。管理担当者の大部分は修士課程を修了していますが、多くの人が徐々にもとの専攻から離れることになり、特に戯劇学院の専攻は一般の総合大学とまったく異なります。私たちは上海戯劇学院に愛着を持っていますが、アカデミックな雰囲気に欠ける

---

13 「財政の崖」はアメリカ連邦準備制度理事会のベン・バーナンキ議長が二〇一二年二月七日に初めて使った言葉で、政府の財政支出が突然減少を余儀なくされ、支出曲線が崖のような下降線になることを指す。

こと、さらに深く学ぶ機会がないことに戸惑っています。大学の管理担当者は、どのようにしたら自分の夢を実現できるのでしょうか。よろしくお願いします。

趙　この問題は楼書記に答えてもらうのがいいでしょう。

楼　そうした戸惑いは、上海戯劇学院だけでなく、ほかの大学でもありますし、私自身も経験があります。卒業したばかりの私は、末端の補助教員でした。あらゆることを補助教員が行うため、最初は、私たちも戸惑いを覚えました。しかし、末端の人間は最も鍛えられます。私は上司からこのように教育されました。「最も難しいこと、誰もやらないことに力を尽くしなさい。それをとても崇高な、偉大なものと思いなさい。あなたが接するのは教育を受ける人たち、大学生です。これはなかなか得難いことで、通常、他の人たちが接するのは機械や物です。待遇に恵まれず、労働環境もたいして良くないかもしれませんが、それを偉大だと思うようにしてください」と。私たちは本当に偉大なことだと考え、その思いを仲間たちとともに膨らませていましたが、それはまるで夢を見ていたかのようですね。（笑い）

進歩を望むのは良いことです。ただ、偉大な夢であっても、一歩ずつ着実に行わなければいけません。私たちは職務の中で研究を行うことができます。末端の仕事をひとつの学問として研究するのです。周囲が評価しないような仕事こそ、研究する価値があります。他の人が研究しないことに取り組めば、あなたはそれをうまくやり遂げるかもしれません。

夢があるなら、それを持ち続けてください。一日ごとに言うことが変わり、壁にぶつかったらすぐ投げ出すようではいけません。同時に、絶えず調整を行うことです。あなたはさまざまなことに出会うはずです。状況の変化を顧みず、かたくなな態度を続けるのは、単なる固執です。どうして若いころの夢は大きく、年をとるにつれて、より具体的になっていくのでしょうか。それはさまざまことに出会うことで、目標がより明確に、具体的になるからで、これはひとつのプロセスなのです。こうした問題を考えるとき、その人自身に原動力があることが、夢の実現につながるのではないかと思います。

もちろん、学校側も努力を重ねる必要があります。私たちは、どうしたら若い教師の責任感や使命感を喚起できるか、いままさに検討しているところです。実のところ、上海戯劇学院は夢を見るのに適した場所です。先ほど、専門性の話題が出ましたが、芸術というのは比較的公共性と感性を持つ学科で、それは理工学科の人も、文系の人にもある感覚です。上海戯劇学院は良いプラットフォームになりうると私は思っています。

趙　この問題は普遍性があり、上海戯劇学院に限らず、どんな組織であっても、主業務と補助業務の分担があります。管理担当者はどのようにふるまえばいいのでしょうか。華々しく活躍する人を横目に、奉仕を行うのは、内心いい気持ちはせず、自分の役割は何かと思ってしまうかもしれません。

私が工場勤めをしていたころ、工場内の大多数の労働者はそのように思わず、自分が将来、工場長やエキスパートになれるなど想像することもありませんでした。彼らは何を考えていたのでしょうか。自分は組立工で、腕には自信がある、他の人にできないことも自分ならできる、そうした喜びや満足感が言葉や表情にあらわれていました。彼らの夢は工場内で優れた職人になることでした。そのころは、職業選択の範囲が限られ、時代の呼びかけに応える必要がありました。ですから、私は自分の原則として、どの職場に行っても学習を忘れず、どの職場に行っても自分がやらなければならないことに力を尽くそうと決めました。私の夢は自分の力を尽くすことで、自分以外に誰がそれをできるのか、という思いでした。
夢は決して大げさではなく、自分の力相応に事を行うべきで、大きすぎる夢は絵空事に終わり、苦しい思いをします。私は工場内で副工場長でしたが、労働者たちに、将来性のない仕事などなく、将来性のない人間がいるだけで、どんな職業であっても成功できると話しました。

呉　あなたは大学で管理業務をしているということですが、出発点としては、周囲の人間に影響を与えることができ、悪くないと思います。たとえそれがほんの数人に対してであっても、ただこの国をさらに良くしたいと思えばいいのです。教育という夢はとても崇高なもので、この夢を手放す必要はありません。あなたの職場は平凡かもしれませんが、党委員会事務局でたくさんのことを観察することができます。やる必要のないことも、必ずやらなければいけないこともあり、さらに上手に行える仕事もあるでしょう。いつの日か、やらなくてもいい仕事はこれで、さらに力を入れるべき仕事はこれと上司に説明し、最終的にあなたの提案通りに行われることになれば、多くの人に影響を与えられます。あなたは党委員会事務局という、指導者に近い場所にいるのですから、良い影響を生み出しやすい立場です。私は各人が自分の職場をしっかり認識し、さらに崇高な志を持つべきではないかと思っています。

二　人を怨むより自分を怨む

段蓉蓉（学生）　皆さん、こんにちは。芸術系の大学で学ぶ学生にとって、多くの場合、私たちは受け身で、チャンスを待つ状況にあり、自ら選択できる機会はそれほど多くありません。例えば、映画やテレビ番組の製作スタッフが人材募集に来ると、学校からあらためて面接の連絡がありますが、私たちはいつもこのようなルートで実践の機会を得ます。対等でない選択関係について、私たちはどのように対応していけばいいのでしょうか。

趙　これは戯劇学院だけの問題ではありません。あなたは一人の人間で、学院はひとつの組織です。あなたが自分で創業し、劇団を立ち上げ、自分の道を切り開くなら別ですが、それはとても大変なことです。ですから、ほとんどの場合は、やってきたチャンスをつかみにいかなければなりません。チャンスがないときは、それを探す方法を考えるのです。上海電視台がだめなら、湖北電視台や、広東電視台へ行くというように、あなたは自分から行動しなければなりません。選り好みをして、絶対に上海でないと、としたら、たくさんのチャンスを失うことになります。

私の知人で、定年退職する一カ月前になっても、理想を実現できていないと言った人がいました。彼はドキュメンタリーを百本撮影するつもりでした。いったい何本撮影できたのか尋ねてみると、一本だけ、と彼は答えました。なんとも理解しがたい話です。彼は長年、環境に恵まれていないと不満を述べ、周囲に才能が認められないと嘆いていました。いつも環境のせいにばかりする人は、絶対に成功しないということを、皆さん覚えておいてください。自分の力不足を棚に上げ、上司を怨み、組織を怨み、友を怨み、挙句の果てに自分の連れ合いにまで不平をこぼす。チャンスというものはこんなにも不平等で、自分にはやってこないのか、と嘆くのです。あるいは、チャンスがあったにも関わらず、それに対する準備ができていなかったのかもしれません。怨むなら、自分を怨むことです。自分の弱点を探し、それを強みに変えるべきです。

呉　趙さんは非常に深い哲理——人を怨んではいけない、ということを言いました。生活の中で、さまざまな状況に陥ったとき、あなたはどうしますか。人を怨んだところで、何の役に立つでしょうか。自分を変えることが有用なのです。仕事を始めたばかりのころ、あなたの才能が認められないのは、当然のことです。こうした立場は変えられます。職場で徐々に結果を出すことで、仕事を選び、自分がやりたいことを選択できるようになります。私は趙さんと知り合って十八年になります。最初に会ったのは一九九四年、当時の私は海外に大使として派遣される前に、施燕華と一緒に全国各地を回り、国内の状況把握に努めていました。浦東地区に着いたとき、趙さんはすでに高い地位にいて、私は情報局の局長にすぎませんでした。特に誰と会いたいと頼むこともなく、ただ状況を知りたいと思っていました。趙さんのとった方法は驚くべきもので、私が海外の事情に詳しいことを知り、幹部職員を引き連れて懇談の機会を設け、たくさん質問をしてきました。この人は学ぶことに熱心で、普通では出てこない質問を投げかけてくる、つまりよく考えているということに気がつきました。このような人に出会えて、私は感激しました。たくさんの質問の背後に、強い知識欲があります。その強い知識欲の背後にあるのは何でしょうか。現在抱えている職務に力を尽くしているということです。これから仕事をするようになったら、どの段階であっても、自分に何かしらの要求を設けてみてください。

楼　ちょっと分かりやすい例えを挙げてみましょう。異なる階層の人が異なるフロアにいるとすると、最下層にはたくさんの人がいます。ポストの数よりも人の数のほうがずっと多いので、この場合にはポストに選ばれることになります。しかし、優秀な人材が足りず、人材を求めているポストもたくさんあります。つまり、高層階ではたくさんのポストが余っていますが、このフロアにいる人は少ないということです。下層の人はどうやって上にあがっていけばいいのでしょうか。成功例はたくさんありますが、それは他人の経験なので、自分で突破口を探し、自分に合ったステップアップの道を探さなければなりません。ですから、カギとなるのは自分を成長させることです。私たちの優秀な俳優陣は、北京からも上海からも望まれ、自分で選択権を持っています。たいして特別な才能を持っていない学生は、誰かに選ばれるのを待たなくてはなりません。社会のニーズを見つけ、自分の才能を掘り起こし、必要とされる立場となれば、主導権を握ることができます。

成功の四要素――気、道、術、勢

王伯男（上海戯劇学院図書館館長）　この二日間の対話を聞いて、多くのことを学ぶことができました。先ほどの話題について、少しお話させてください。ここに集まった、さまざまな専攻の学生の中で、おそらく私だけが五〇年代生まれでしょう。私はもともと学生として学び、それから教師となり、最終的に部下を持つまでになりました。八年前、図書館館長が空席となり、私は二つの選択を迫られました。宣伝部の部長になるか、図書館の館長になるか、ということです。私は図書館の館長を選びましたが、後になって、私個人の専門と学術上の発展から言うと、損失だったことに気がつきました。なぜなら、一人の教師として、いったん教育の現場から離れてしまうと、教学業務に関わる機会は必然的に少なくなり、個人の教学、科学研究、ひいては昇進にあたっても、大きな影響があります。こうしたことはまったく考えていませんでした。私は動揺し、当初の選択が間違っていたのではないかと思いました。しかし、学校の発展に微力を尽くす人間がやはり必要だ、という気持ちも常に持っていました。昨年、私は本を出版し、韓院長に序文をお願いしました。彼がタイトルを『堅守与奉献（堅持と貢献）』とつけたので、私はいささか恥ずかしくなりました。堅持については、達成できたと思います。しかし貢献というのは、恐縮するばかりです。

ここ数年、私は孔子学院の設立と、交流学の設置に参画しています。実は、二、三年前にもこの課題について話し合いました。前回、趙主任が講演された際のテーマは、「公共外交と文化を越えた交流」で、たいへん反響がありました。国はこの分野の専門家養成が急務となっていて、本校は文化を越えた交流という点に強みがあり、前途有望と言うことができます。しかし、このプロセスはたいへん骨が折れました。私はこの学校で学んだので、本校の文化的土壌についてはよく分かっているつもりです。文化を越えるなんて、自分たちには関係ないとか、やる価値がないと思う人もいるかもしれません。また、自分はこうしたことに向いているとは限らない、と思う人もいるでしょう。

中国人は学術の伝承を重んじます。本校の伝統では、大部分の教師と学生が「術」にこだわり、「学」をおろそかにしがちです。「学」は形而上的で、「術」は形而下的です。これは、多くの人が新しいことを受け入れがたい、あるいは受け入れることを好まないという問題を引き起こします。自分には開拓精神があると言う人もいますが、自分には無理だと言う人もいます。その中には、身近な人からの抵抗もあります。私の妻はオペラ座の役者ですが、私のことをあまり理解してくれません。「あと数年で定年退職になって、館長としての役目も終わるけど、もともと脚本専攻で、シナリオに専念できるはずのあなたが、毎日いったい何をやっているのかしら！」と言われました。あるときは、すべて放り投げるべきなのだろうかとさえ考えました。しかし、よく考えてみると、私たちは一生のうちにたくさんの価値観に出会いますが、その中には偽りのものもあります。私たちはいつも、それは段階的な人生の目標なのか、それとも長期的な信仰や理想なのかを、はっきりと見極めなければなりません。私を常に支えてきたのは、このような考え方です。探求する価値があるものはいったい何か、私たちの人生の価値をいったいどのように位置づけたらいいのか、よく考えてみなければなりません。ご清聴ありがとうございました。お二人の講評を伺いたいと思います。

趙 あなたの考え方は決して消極的ではなく、積極的なものです。なぜなら、あなたは教育事業に何ができるか、さらに上海戯劇学院のために何ができるかを、いつも自分に問いかけています。個人の名誉や利益と、事業が衝突したときは、何かを手放さなければいけません。大げさな話に聞こえるかもしれませんが、そうではないのです。私たちの信仰は何でしょうか。最大の夢は何でしょうか。誰もが認めるのは、中国の振興です。振興とは何でしょうか。中国人民の生活レベルと文化レベルを向上し、同時に世界に対して何らかの貢献をすることです。中国の人口は全世界の二十一%を占めます。中国の繁栄は、世界の一大部分の繁栄につながります。私たちは個人の損得にばかりこだわらず、もっと先のところへ目を向けなければいけません。こだわったところで、あなたを悩ます問題が解決されるとは限りません。

引き受けたのであれば、図書館館長としての職務をまっとうすべきです。上海戯劇学院の図書館はほかの大学とは異なります。中国には、上海戯劇学院と中央戯劇学院の二つしか同類の学校がなく、前例を求めるなら、国外を当たらなければなりません。図書館の館長は、知識が豊富な人という印象があります。誰もがなれるわけではありません。私は自分が所有する本を数十箱分、浦東新区の図書館へ引き渡しました。この図書館はとりわけ大きく、とりわけ素晴らしいものです。誰でも入館でき、どのコーナーも登録手続きなしで使用できます。自分の好きな本を取り出し、読み終わったら自分で戻せばいいのです。館長が言うには、たとえ本が紛失したとしても、倉庫にしまいこむのではなく、活用したほうがいいということです。この新しい管理モデルに、私はとても感動しました。

中国は文化的な進歩を遂げる段階にきています。文化とは、まず私たちの言葉、私たちの価値観、私たちの信仰、私たちの生活方式を指します。演劇をはじめとする芸術は、私たちの文化の伝達手段であり、戯劇学院は文化の伝達手段、あるいは文化作品を生み出す責任を背負っています。ですから、あなた方は中国の文化を担う人材で、あなた方の現代劇は多くの観衆を感動させることができます。従って、あなた方は人類の魂を洗い清め、導く者であり、中国文化を前進させる創造者にならなければなりません。

呉 上海戯劇学院で、最初に出会ったのが王先生でした。知り合って、もう数年たちます。何かを成し遂げようと思ったら、四つの条件が必要になる、と誰かに言われたことがあります。その条件とは、気、道、術、勢です。

「気」とは、信念への情熱です。自分のやりたいことを、淡々と話されたとしたら、その人がそれを成し遂げられるはずがないと思うでしょう。もし熱意を込めて語られたら、それは見込みがあります。王さんは、上海戯劇学院は交流技術伝達の基地として、たいへん将来性があり、上海戯劇学院、上海、ひいては全国に利点があると思っています。これは彼の熱意によるものです。どんなことも熱意がなければ成し遂げることはできません。

「道」とは、大原則のことであり、道理によってどう進むべきか、探求の方向性が正しいかどうかが決まります。熱意があっても、方向性が誤っていたら、やはり達成することはできません。

「術」とは、方法のことで、どうやって行えばいいかという問題です。信念があり、熱意があり、方向性が合っていれば、特に問題はないのですが、何かを成すには、その方法もまた重要です。方法が間違っていたら、達成することはできません。適当な方法を選び、既定の目標に向かって一歩一歩邁進する必要があります。

「勢」とは、どんなことをするにも、何らかの勢いが必要ということです。現在では、八カ所から九カ所の大学で交流学が開設され、この問題に関心がある人は少なからずいるわけですが、まだ十分ではありません。ここにお集まりの皆さんは、交流学について一定の理解を得られたと思いますが、中国全体では、交流技術を分かっていない人がほとんどです。ですから、私たちがこれを広めようと思ったら、徐々にその流れを作り、さらに深い理解を周囲に求めなければなりません。中国は現在、世界と緊密なかかわりを持っています。海外は私たちのことをあまり理解せず、私たちに疑念を抱き、中国の急速な発展を恐れているように見えます。私たちが交流意識を高め、世界に真実の中国の姿を紹介すれば、マイヤさんのように文化の架け橋となってくれる人が増えることでしょう。世界に架け橋が多くなれば、さらにコミュニケーションがとりやすくなり、明日の世界はきっとさらに美しくなることでしょう。

★著者紹介

趙 啓正（ちょう・けいせい）

1940年生まれ。中国科学技術大学核物理専攻を卒業し、科学研究や設計などの分野で20年以上活躍。上海市副市長、党中央対外宣伝弁公室主任等を歴任。現在は中国人民大学新聞学院院長、南海大学濱海開発研究院院長を務める。著書に『向世界説明中国――趙啓正演講談話録』（世界に向けて中国を語る――趙啓正講演談話録）、『中国人眼中的美国和美国人』（中国人から見たアメリカとアメリカ人）、『浦東邏輯――浦東開発和経済全球化』（浦東ロジック――浦東開発と経済のグローバル化）等がある。

呉 建民（ご・けんみん）

1939年生まれ。北京外国語学院（現在の北京外国語大学）フランス語学部を卒業し、外交活動に50年余り携わる。中国国連常駐代表団参事官、駐ベルギー大使館・駐EU外交団の政務参事官、外交部報道局局長・報道官、駐オランダ王国特命全権大使、駐フランス大使等を歴任。現在は、中国外交部諮問委員会委員、国際展覧局名誉主席を務める。

著書に『我与世博有縁』（私と万博とのつながり）、『在法国的外交生涯』（フランスにおける外交人生）、『我的中国夢:呉建民口述実録』（私のチャイナドリーム:呉建民口述記録）等がある。

★監訳者紹介

日中翻訳学院（にっちゅうほんやくがくいん）

日本僑報社が「よりハイレベルな中国語人材の育成」を目的に、2009年9月に創設した出版翻訳プロ養成スクール。

★訳者紹介

村崎 直美（むらさき・なおみ）

東洋女子短期大学英語英文学科、放送大学教養学部卒業。1995年～1996年に西北大学（中国・西安市）へ語学留学。主な訳書に『中国人特派員が書いた日本』（日本僑報社、1999年）、『私が出会った日本兵――ある中国人留学生の交遊録』（日本僑報社、2000年）がある。

20th
The Duan Press
おかげさまで20周年
since1996

世代の溝を埋め成功に導く

中国式コミュニケーションの処方箋

2015年8月18日　初版第1刷発行

著　者　趙 啓正（ちょう・けいせい）
　　　　呉 建民（ご・けんみん）
監訳者　日中翻訳学院
訳　者　村崎 直美（むらさき・なおみ）
発行者　段 景子
発売所　株式会社 日本僑報社
　　　　〒171-0021 東京都豊島区西池袋3-17-15
　　　　TEL03-5956-2808　FAX03-5956-2809
　　　　info@duan.jp
　　　　http://jp.duan.jp
　　　　中国研究書店 http://duan.jp

2015 Printed in Japan.ISBN 978-4-86185-185-8　C0036

Best seller & Long seller

日中中日 翻訳必携　実戦編
より良い訳文のテクニック

武吉次朗 著

2007 年刊行の『日中・中日翻訳必携』の姉妹編。好評の日中翻訳学院「武吉塾」の授業内容が一冊に！実戦的な翻訳のエッセンスを課題と訳例・講評で学ぶ

四六判 192 頁 並製　定価 1800 円＋税
2014 年刊　ISBN 978-4-86185-160-5

病院で困らないための日中英対訳 医学実用辞典
指さし会話集＆医学用語辞典

松本洋子 編著

16年続いたロングセラーの最新版。病院の全てのシーンで使える会話集。病名・病状・身体の用語集と詳細図を掲載。海外留学・出張時に安心。医療従事者必携！

A5 判 312 頁 並製　定価 2500 円＋税
2014 年刊　ISBN 978-4-86185-153-7

中国人の心を動かした「日本力」
日本人も知らない感動エピソード

段 躍中 編

「第九回中国人の日本語作文コンクール受賞作品集」朝日新聞ほか書評欄・NHK でも紹介の好評シリーズ第 9 弾！反日報道が伝えない若者の「生の声」。

A5 判 240 頁 並製　定価 2000 円＋税
2013 年刊　ISBN 978-4-86185-163-6

中国人がいつも大声で喋るのはなんでなのか？
中国若者たちの生の声、第 8 弾！

段 躍中 編

読売新聞（2013 年 2 月 24 日付）書評に大きく掲載。朝日新聞にも紹介。受賞作「幸せな現在」は、祖父の戦争体験を踏まえ、日中両国の人々が「過去の影」に縛られてはいけないと書き綴った。

A5 判 240 頁 並製　定価 2000 円＋税
2012 年刊　ISBN 978-4-86185-140-7

新中国に貢献した日本人たち
友情で綴る戦後史の一コマ

中国中日関係史学会 編
武吉次朗 訳

埋もれていた史実が初めて発掘された。日中両国の無名の人々が苦しみと喜びを共にする中で、友情を育み信頼関係を築き上げた無数の事績こそ、まさに友好の原点といえよう。元副総理・後藤田正晴

A5 判 454 頁 並製　定価 2800 円＋税
2003 年刊　ISBN 978-4-93149-057-4

日本語と中国語の妖しい関係
中国語を変えた日本の英知

松浦喬二 著

この書は「漢字は中国人が作り、現代中国語は日本人が作った！中国語の中の単語のほとんどが日本製であるということを知っていますか？」と問いかける。

四六判 220 頁 並製　定価 1800 円＋税
2013 年刊　ISBN 978-4-86185-149-0

中国の対日宣伝と国家イメージ
対外伝播から公共外交へ

第一回中日公共外交研究賞受賞作品
趙新利（中国伝媒大学講師）著
趙憲来 訳

日本人は中国の対日宣伝工作をどう理解すべきか―。新進気鋭の中国人がやさしく解説！
山本武利・早稲田大学名誉教授 推薦

A5 判 192 頁 上製　定価 5800 円＋税
2011 年刊　ISBN 978-4-86185-109-4

日本における新聞連載 子ども漫画の戦前史
日本の漫画史研究の空白部分

第十四回華人学術賞受賞作品
徐園（中国人民大学講師）著

本書は東京で発行された新聞を題材にして、子ども漫画が出現し始めた明治後期から敗戦までのおよそ 50 年間の、新聞連載子ども漫画の歴史を明らかにする。

A5 判 384 頁 上製　定価 7000 円＋税
2012 年刊　ISBN 978-4-86185-126-1

日本図書館協会選定図書

日中対立を超える「発信力」
中国報道最前線　総局長・特派員たちの声

段 躍中 編

未曾有の日中関係の悪化。そのとき記者たちは…日中双方の国民感情の悪化も懸念される 2013 年夏、中国報道の最前線の声を緊急発信すべく、ジャーナリストたちが集まった！

四六判 240 頁 並製　定価 1350 円＋税
2013 年刊　ISBN 978-4-86185-158-2

新版 中国の歴史教科書問題
―偏狭なナショナリズムの危険性―

袁偉時（中山大学教授）著
武吉次朗 訳

本書は『氷点週刊』停刊の契機になった論文『近代化と中国の歴史教科書問題』の執筆者である袁偉時・中山大学教授の関連論文集である。

A5 判 190 頁 並製　定価 3800 円＋税
2012 年刊　ISBN 978-4-86185-141-4

日中外交交流回想録

林祐一 著

林元大使九十年の人生をまとめた本書は、官と民の日中交流の歴史を知る上で大変重要な一冊であり、読者各位、特に若い方々に推薦します。
衆議院議員 日中協会会長 野田毅 推薦

四六判 212 頁 上製　定価 1900 円＋税
2008 年刊　ISBN 978-4-86185-082-0

わが人生の日本語

劉 徳有 著

大江健三郎氏推薦の話題作『日本語と中国語』（講談社）の著者・劉徳有氏が世に送る日本語シリーズ第４作！日本語の学習と探求を通して日本文化と日本人のこころに迫る好著。是非ご一読を！

A5 判 332 頁 並製　定価 2500 円＋税
2007 年刊　ISBN 978-4-86185-039-4

『氷点』事件と歴史教科書論争
日本人学者が読み解く中国の歴史論争

佐藤公彦（東京外語大学教授）著

「氷点」シリーズ・第四弾！
中山大学教授・袁偉時の教科書批判の問題点はどこにあるか、張海鵬論文は批判に答え得たか、日本の歴史学者は自演と歴史認識論争をどう読んだか…。

A5 判 454 頁 並製　定価 2500 円＋税
2007 年刊　ISBN 978-4-93149-052-3

『氷点』停刊の舞台裏
問われる中国の言論の自由

李大同 著
三潴正道 監訳　而立会 訳

世界に先がけて日本のみで刊行！！
先鋭な話題を提供し続けてきた『氷点』の前編集主幹・李大同氏が、停刊事件の経緯を赤裸々に語る！

A5 判 507 頁 並製　定価 2500 円＋税
2006 年刊　ISBN 978-4-86185-037-0

中国東南地域の民俗誌的研究
漢族の葬儀・死後祭祀と墓地

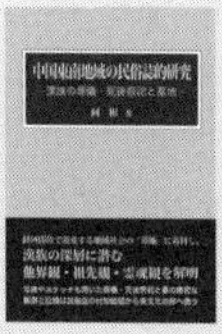

第十六回華人学術賞受賞作品
何彬（首都大学東京教授）著

経済開放で激変する地域社会の「墓地」に着目し、漢族の深層に潜む他界観・祖先観・霊魂観を解明。

A5 判 320 頁 上製　定価 9800 円＋税
2013 年刊　ISBN 978-4-86185-157-5

移行期における中国郷村政治構造の変遷 - 岳村政治 -

于建嶸（中国社会科学院教授）著
徐一睿 訳　寺出道雄 監修

中国農村の政治発展プロセスを実証的に明らかにし、「現代化」の真髄に迫る！中国社会政治学の第一人者が世に問う自信の書！

A5 判 450 頁 上製　定価 6800 円＋税
2012 年刊　ISBN 978-4-86185-119-3

2015年刊行書籍

春草
～道なき道を歩み続ける中国女性の半生記～

裘山山 著
于暁飛 監修
徳田好美・隅田和行 訳

中国でテレビドラマ化され大反響を呼んだ『春草』の日本語版。

四六判 448 頁 並製 定価 2300 円＋税
2015 年刊 ISBN 978-4-86185-181-0

パラサイトの宴

山本要 著

中国社会の深層を見つめる傑作ビジネス小説。

四六判 224 頁 並製 定価 1400 円＋税
2015 年刊 ISBN 978-4-86185-196-4

必読！今、中国が面白い Vol.9
中国が解る 60 編

而立会 訳
三潴正道 監訳

多数のメディアに取り上げられ、毎年注目を集めている人気シリーズ第9弾！

A5 判 338 頁 並製 定価 2600 円＋税
2015 年刊 ISBN 978-4-86185-187-2

新疆物語
～絵本でめぐるシルクロード～

王麒誠 著
本田朋子（日中翻訳学院）訳

異国情緒あふれるシルクロードの世界
全ページカラー印刷で初翻訳。

A5 判 182 頁 並製 定価 980 円＋税
2015 年刊 ISBN 978-4-86185-179-7

日本語と中国語の落し穴
用例で身につく「日中同字異義語 100」

久佐賀義光 著
王達 監修

" 同字異義語 " を楽しく解説した人気コラムが書籍化！中国語学習者だけでなく一般の方にも。

四六判 252 頁 並製 定価 1900 円＋税
2015 年刊 ISBN 978-4-86185-177-3

中国の大学生 1 万 2038 人の心の叫び

大森和夫・弘子 編著

テーマはずばり「戦後 70 年・これからの日中関係を考える」。大森和夫・弘子夫妻が行った大規模アンケート調査。

四六判 200 頁 並製 定価 1800 円＋税
2015 年刊 ISBN 978-4-86185-188-9

現代中国における農民出稼ぎと社会構造変動に関する研究

江秋鳳 著

「華人学術賞」受賞！
出稼ぎ農民・留守家族・帰郷者への徹底した実態調査。

A5 判 220 頁 上製 定価 6800 円＋税
2015 年刊 ISBN 978-4-86185-170-4

中国出版産業データブック vol. 1

国家新聞出版ラジオ映画
テレビ総局図書出版管理局 著
段景子 監修
井田綾 / 舩山明音 訳

デジタル化・海外進出など変わりゆく中国出版業界の最新動向を網羅。

A5 判 248 頁 並製 定価 2800 円＋税
2015 年刊 ISBN 978-4-86185-180-3

2014年刊行書籍

NHK特派員は見た
中国仰天ボツネタ&㊙ネタ

加藤青延 著

中国取材歴 30 年の現 NHK 解説委員・加藤青延がニュースにはできなかったとっておきのネタを厳選して執筆。

四六判 208 頁 並製 定価 1800 円+税
2014 年刊 ISBN 978-4-86185-174-2

「ことづくりの国」日本へ
そのための「喜怒哀楽」世界地図

関口知宏 著

鉄道の旅で知られる著者が、世界を旅してわかった日本の目指すべき指針とは「ことづくり」だった！

四六判 248 頁 並製 定価 1600 円+税
2014 年刊 ISBN 978-4-86185-173-5

必読！今、中国が面白い Vol.8
中国が解る 60 編

而立会 訳
三潴正道 監訳

多数のメディアに取り上げられ、毎年注目を集めている人気シリーズ第 9 弾！

A5 判 338 頁 並製 定価 2600 円+税
2014 年刊 ISBN 978-4-86185-169-8

中国の " 穴場 " めぐり
〜ガイドブックに載っていない観光地〜

日本日中関係学会 編著

中国での滞在経験豊富なメンバーが、それら「穴場スポット」に関する情報を、地図と写真、コラムを交えて紹介する。

A5 判 160 頁（フルカラー）並製 定価 1500 円+税
2014 年刊 ISBN 978-4-86185-167-4

日本の「仕事の鬼」と中国の <酒鬼>

冨田昌宏 著

鄧小平訪日で通訳を務めたベテラン外交官の新著。中国人もあっと言わせる漢字文化の知識を集中講義！

四六判 192 頁 並製 定価 1800 円+税
2014 年刊 ISBN 978-4-86185-165-0

大国の責任とは
〜中国平和発展への道のり〜

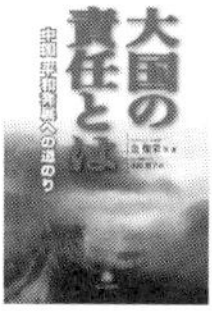

金燦栄 著
本田朋子（日中翻訳学院）訳

中国で国際関係学のトップに立つ著者が、ますます関心が高まる中国の国際責任について体系的かつ網羅的に解析。

四六判 312 頁 並製 定価 2500 円+税
2014 年刊 ISBN 978-4-86185-168-1

中日　対話か？　対抗か？
日本の「軍国主義化」と中国の「対日外交」を斬る

李東雷 著　笹川陽平 監修
牧野田亨 解説

事実に基づき、中国の外交・教育を「失敗」と位置づけ、大きな議論を巻き起こした中国人民解放軍元中佐のブログ記事。

四六判 160 頁 上製 定価 1500 円+税
2014 年刊 ISBN 978-4-86185-171-1

「御宅（オタク）」と呼ばれても
第十回中国人の日本語作文コンクール受賞作品集

段躍中 編

今年で第十回を迎えた「中国人の日本語作文コンクール」の入選作品集。

A5 判 240 頁 並製 定価 2000 円+税
2014 年刊 ISBN 978-4-86185-182-7

2013 年刊行書籍

新結婚時代

王海鴿 著
陳建遠 / 加納安實 訳

都会で生まれ育った妻と、農村育ちの夫。それぞれの実家の親兄弟、妻の親友の不倫が夫婦生活に次々と波紋をもたらす。

A5 判 368 頁 並製 定価 2200 円＋税
2013 年刊 ISBN 978-4-86185-150-6

中国漢字を読み解く
～簡体字・ピンインもらくらく～

前田晃 著

簡体字の誕生について歴史的かつ理論的に解説。三千数百字という日中で使われる漢字を整理。

A5 判 186 頁 並製 定価 1800 円＋税
2013 年刊 ISBN 978-4-86185-146-9

必読！今、中国が面白い 2013-14
中国が解る 60 編

而立会 訳
三潴正道 監訳

多数のメディアに取り上げられ、毎年注目を集めている人気シリーズ第 7 弾！

A5 判 352 頁 並製 定価 2600 円＋税
2013 年刊 ISBN 978-4-86185-151-3

中国の未来

金燦栄 著
東滋子（日中翻訳学院） 訳

今や GDP 世界第二位の中国の未来は？国際関係学のトップに立つ著者が、探る中国の真実の姿と進むべき道。

四六判 240 頁 並製 定価 1900 円＋税
2013 年刊 ISBN 978-4-86185-139-1

夫婦の「日中・日本語交流」
～四半世紀の全記録～

大森和夫・弘子 編著

「日本語を学ぶ一人でも多くの学生に、日本を好きになってほしい」。夫婦二人三脚 25 年の軌跡。

A5 判 240 頁 並製 定価 1900 円＋税
2013 年刊 ISBN 978-4-86185-155-1

大きな愛に境界はない
—小島精神と新疆 30 年

韓子勇 編
趙新利 訳

この本に記載されている小島先生の事跡は、日中両国の財産である
—日本語版序より

A5 判 180 頁 並製 定価 1200 円＋税
2013 年刊 ISBN 978-4-86185-148-3

中国都市部における中年期男女の夫婦関係に関する質的研究

于建明 著

石原邦雄成城大学教授 推薦
藤崎宏子お茶の水女子大学大学院教授 推薦

「華人学術賞」受賞！
中年期にある北京の夫婦関係の実像を丁寧に浮かび上がらせる。

A5 判 296 頁 上製 定価 6800 円＋税
2013 年刊 ISBN 978-4-86185-144-5

中国は主張する
—望海楼札記

葉小文 著 多田敏宏 訳

「中国の言い分」を知り、中国を理解するための最良の書。

A5 判 260 頁 並製 定価 3500 円＋税
2013 年刊 ISBN 978-4-86185-124-7